ALLAN KARDEC

INSTRUCTION PRATIQUE SUR LES MANIFESTATIONS SPIRITES

CONTENANT

L'exposé complet des conditions nécessaires pour communiquer avec les Esprits et les moyens de développer la faculté médiatrice chez les médiums.

LA DIFFUSION SCIENTIFIQUE
156, RUE LAMARCK — PARIS (18e)

ISBN 2-85012-026-X

INSTRUCTION PRATIQUE
SUR LES
MANIFESTATIONS SPIRITES

INTRODUCTION

Beaucoup de personnes nous ont demandé de leur indiquer les conditions à remplir et la manière de s'y prendre pour être médium. La solution de cette question est plus compliquée qu'elle ne le paraît au premier abord, parce qu'elle repose sur des connaissances préliminaires d'une certaine étendue ; pour faire des expériences de physique et de chimie, il faut d'abord connaître la physique et la chimie. Les réponses que nous avons faites à ces personnes ne pouvaient comprendre des développements incompatibles avec les bornes d'une correspondance ; le temps matériel ne nous eût, d'ailleurs, pas permis de satisfaire à toutes les demandes ; c'est ce qui nous a déterminé à publier cette instruction, nécessairement plus complète que tout ce que nous pourrions écrire directement.

On se tromperait si l'on croyait trouver dans cet ouvrage une recette universelle et infaillible pour former des médiums. Bien que chacun renferme en soi-même le germe des qualités nécessaires pour le devenir, ces qualités n'existent qu'à des degrés très différents, et leur développement tient à des causes qu'il ne dépend de personne de faire naître à volonté. Les règles de la poésie, de la peinture et de la musique ne font ni des poètes, ni des musiciens de ceux qui n'en ont pas le génie : elles guident dans l'emploi des facultés naturelles. Il en est de même de notre travail ; son objet est d'indiquer les moyens de développer la faculté médiatrice autant que le permettent les dispositions de chacun, et surtout d'en diriger l'emploi d'une manière utile lorsque la faculté existe. Mais là n'est point le but unique que nous nous sommes proposé. A côté des médiums proprement dits, il y a la foule qui s'accroît tous les jours des personnes qui s'occupent des manifestations spirites ; les guider dans leurs observations ; leur signaler les écueils qu'elles peuvent et doivent nécessairement rencontrer dans une chose si nouvelle ; les initier à la manière de s'entretenir avec les Esprits ; leur indiquer les moyens d'avoir de bonnes communications, tel est le cercle que nous devons embrasser sous peine de faire une chose incomplète. On ne sera donc point surpris de trouver dans notre travail des renseignements qui, au premier abord, pourraient y paraître étrangers : l'expérience en montrera l'utilité. Après l'avoir étudié avec soin, on comprendra mieux les faits dont on sera témoin ; le langage de certains Esprits paraîtra moins étrange. Comme instruction pratique, il ne s'adresse donc pas exclusivement aux médiums, mais à tous ceux qui sont à même de voir et d'observer les phénomènes spirites.

La science spirite repose nécessairement sur l'existence des Esprits et leur intervention dans le monde corporel. C'est aujourd'hui un fait acquis pour un si grand nombre, qu'une démonstration deviendrait superflue. Notre but étant de guider les personnes qui désirent s'occuper de manifestations, nous les supposons suffisamment édifiées sur ce point et sur les vérités fondamentales qui en découlent pour qu'il soit inutile d'entrer dans aucune explication à ce sujet. C'est pourquoi nous ne les discuterons pas et ne chercherons point à établir de controverse ni à réfuter les objections. Nous ne nous adressons qu'aux gens convaincus ou disposés, de bonne foi, à le devenir ; quant à ceux qui ont tout à apprendre, ils ne trouveront pas ici certaines démonstrations qu'ils pourraient peut-être désirer, parce que nous considérons le point de départ comme admis. A ceux qui contestent ce point de départ, nous dirons : Voyez et observez quand l'occasion s'en présentera. Si, malgré les faits et les raisonnements, vous persistez dans votre incrédulité, nous regarderions comme du temps perdu celui que nous passerions à vouloir vous tirer d'une erreur dans laquelle vous vous complaisez sans doute ; nous respectons votre opinion, veuillez respecter la nôtre ; c'est tout ce que nous vous demandons.

Nous commencerons cette instruction par l'exposé des principes généraux de la doctrine. Bien qu'il puisse paraître plus rationnel de commencer par la pratique, nous croyons que ce n'est pas ici le cas ; il y a une conviction morale que le raisonnement seul peut donner ; ceux donc qui auront acquis les notions premières par l'étude de la théorie comprendront mieux la nécessité de certains préceptes recommandés dans la pratique, et y apporteront des dispositions plus favorables.

En ramenant les indécis sur le terrain de la réalité, nous espérons détruire les préjugés qui peuvent nuire au résultat que l'on cherche, épargner des essais inutiles, parce qu'ils sont mal dirigés ou dirigés vers l'impossible, combattre enfin les idées superstitieuses qui ont toujours leur source dans la notion fausse ou incomplète des choses.

Les manifestations spirites sont la source d'une foule d'idées nouvelles qui n'ont pu trouver leur représentation dans la langue usuelle ; on les a exprimées par analogie, ainsi que cela arrive au début de toute science ; de là l'ambiguité des mots, source d'intarissables discussions. Avec des mots clairement définis et un mot pour chaque chose, on se comprend plus aisément ; si l'on discute, c'est alors sur le fond et non plus sur la forme. C'est en vue d'atteindre ce but et de mettre de l'ordre dans ces idées nouvelles et encore confuses que nous donnons en premier lieu sur tous les mots qui se rattachent, par un lien direct ou indirect, à la doctrine, des explications assez complètes, quoique succinctes, pour fixer les idées. La science spirite doit avoir son vocabulaire comme toutes les autres sciences. Pour comprendre une science, il faut d'abord en comprendre la langue ; c'est la première chose que nous recommandons à ceux qui veulent faire du spiritisme une étude sérieuse. Quelle que puisse être ultérieurement leur opinion personnelle sur les divers points de la doctrine, ils pourront les discuter en connaissance de cause. La forme alphabétique permettra en outre de recourir plus aisément aux définitions et aux renseignements qui sont comme la clef de voûte de l'édifice, et qui serviront à réfuter en peu de mots certaines critiques et à prévenir une foule de questions.

La spécialité de l'objet que nous nous sommes proposé indique les limites naturelles de cet ouvrage. La science spirite touchant à tous les points de la métaphysique et de la morale, et même, on peut le dire, à la plupart des connaissances humaines, ce n'est point dans un cadre aussi restreint que nous pouvions aborder toutes les questions ni discuter toutes les objections. Nous renvoyons, pour les développements complémentaires, au *Livre des Esprits* et à la *Revue Spirite*. On trouvera dans le premier l'exposé complet et méthodique de la doctrine, telle qu'elle a été dictée par les Esprits eux-mêmes, et dans la seconde, outre la relation et l'appréciation des faits, une variété de sujets que comporte seule la forme périodique. La collection de cette revue formera le répertoire le plus complet sur la matière, au triple point de vue historique, dogmatique et critique.

VOCABULAIRE SPIRITE

Ame (du lat. *anima ;* gr. *anemos,* souffle, respiration). Selon les uns, c'est le principe de la vie matérielle ; selon d'autres, c'est le principe de l'intelligence sans individualité après la mort ; selon les diverses doctrines religieuses, c'est un être immatériel, distinct, dont le corps n'est que l'enveloppe, qui survit au corps et conserve son individualité après la mort.

Cette diversité d'acceptions données à un même mot est une source perpétuelle de controverses qui n'auraient pas lieu si chaque idée avait sa représentation nettement définie. Pour éviter toute méprise sur le sens que nous attachons à ce mot, nous appellerons :

Ame spirite, ou simplement *âme,* l'être immatériel, distinct et individuel, uni au corps qui lui sert d'enveloppe temporaire ; c'est-à-dire l'esprit à l'état d'incarnation, et qui n'appartient qu'à l'espèce humaine seule ;

Principe vital : le principe général de la vie matérielle commun à tous les êtres organiques : hommes, animaux et plantes ; et *âme vitale,* le principe vital individualisé dans un être quelconque ;

Principe intellectuel : le principe général de l'intelligence commun aux hommes et aux animaux ; et *âme intellectuelle* ce même principe individualisé.

Ame universelle : nom que certains philosophes donnent au principe général de la vie et de l'intelligence. (Voy. *Tout universel*).

Ange (du lat. *angelus ;* gr. *aggelos,* messager). Selon l'idée vulgaire, les anges sont des êtres intermédiaires entre l'homme et la divinité par leur nature et leur puissance, et pouvant se manifester soit par des avertissements occultes, soit d'une manière visible. Ils n'ont point été créés parfaits, puisque la perfection suppose l'infaillibilité, et que certains d'entre eux se sont révoltés contre Dieu. On dit les bons et les mauvais anges, l'ange des ténèbres. Cependant l'idée la plus générale attachée à ce mot est celle de la bonté et de la suprême vertu.

Selon la doctrine spirite, les anges ne sont point des êtres à part et d'une nature spéciale ; ce sont les Esprits du premier ordre, c'est-à-dire ceux qui sont arrivés à l'état de purs Esprits après avoir subi toutes les épreuves.

Notre monde n'est pas de toute éternité, et, longtemps avant qu'il existât, des Esprit avaient atteint ce suprême degré ; les hommes alors ont pu croire qu'il en avait toujours été de même.

Apparition : phénomène par lequel les êtres du monde incorporel se manifestent à la vue.

Apparition vaporeuse ou *éthérée :* celle qui est impalpable et insaisissable, et n'offre aucune résistance au toucher.

Apparition tangible ou *stéréolite :* celle qui est palpable et présente la consistance d'un corps solide.

L'apparition diffère de la *vision* en ce qu'elle a lieu dans l'état de veille par les organes visuels, et alors que l'homme a la pleine conscience de ses relations avec le monde extérieur. La *vision* a lieu dans l'état de sommeil ou d'extase ; elle a également lieu à l'état de veille, par l'effet de la seconde vue. L'*apparition* nous arrive par les yeux du corps ; elle se produit au lieu même où nous nous trouvons ; la *vision* a pour objet des choses absentes ou éloignées, perçues par l'âme dans son état d'émancipation, et alors que les facultés sensitives sont plus ou moins suspendues. (Voy. *Lucidité, Clairvoyance*).

Archange : ange d'un ordre supérieur (Voy. *Ange*). Le mot *ange* est un terme générique qui s'applique à tous les purs Esprits. Si l'on admet pour ceux-ci différents degrés d'élévation, on peut les désigner par les mots *archanges* et *séraphins* pour se servir des termes connus.

Athée, Athéisme (du gr. *atheos*, fait de *a*, privatif. et de *théos*, Dieu : sans Dieu ; qui ne croit pas à Dieu). L'athéisme est la négation absolue de la divinité. Quiconque croit à l'existence d'un être suprême, quels que soient les attributs qu'il lui suppose et le culte qu'il lui rend, n'est pas athée. Toute religion repose nécessairement sur la croyance en une divinité ; cette croyance peut être plus ou moins éclairée, plus ou moins conforme à la vérité ; mais une religion athée serait un non-sens.

L'athéisme absolu a peu de prosélytes, car le sentiment de la divinité existe dans le cœur de l'homme en l'absence de tout enseignement. L'athéisme et le spiritualisme sont incompatibles.

Ciel, dans le sens de séjour des bienheureux. (Voy. *Paradis*).

Clairvoyance : propriété inhérente à l'âme et qui donne à certaines personnes la faculté de voir sans le secours des organes de la vision (Voy. *Lucidité*).

Classification des Esprits. (Voy. *Echelle spirite*).

Communication spirite : manifestation intelligente des Esprits ayant pour objet un échange suivi de pensées entre eux et les hommes. On les distingue en :

Communications frivoles, celles qui se rapportent à des sujets futiles et sans importance ;

Communications grossières, celles qui se traduisent par des expressions qui choquent les bienséances ;

Communications sérieuses, celles qui excluent la frivolité, quel qu'en soit l'objet ;

Communications instructives, celles qui ont pour objet principal un enseignement donné par les Esprits sur les sciences, la morale, la philosophie, etc.

(Pour les *modes de communications,* Voy. *Sématologie, Typtologie, Psychographie, Pneumatographie, Psychophonie, Pneumatophonie, Télégraphie humaine*).

Crisiaque, celui qui est dans un état momentané de crise produit par l'action magnétique. Cette qualification se donne plus particulièrement à ceux chez lesquels cet état est spontané et accompagné d'une certaine surexcitation nerveuse. Les crisiaques jouissent, en général, de la lucidité somnambulique ou de la seconde vue.

Déiste, celui qui croit en Dieu sans admettre de culte extérieur. C'est à tort que l'on confond quelquefois le *déisme* avec l'*athéisme.* (Voy. *Athée*).

Démon (du lat. *Daemo,* fait du gr. *daïmôn,* génie, sort, destinée, mânes). *Daemones,* tant en grec qu'en latin, se dit de tous les êtres incorporels, bons ou mauvais, et que l'on suppose avoir des connaissances et un pouvoir supérieurs à l'homme. Dans les langues modernes, ce mot est généralement pris en mauvaise part, et son acception est restreinte aux génies malfaisants. Selon la croyance vulgaire, les démons sont des êtres essentiellement mauvais par leur nature. Les Esprits nous enseignent que Dieu, étant souverainement juste et bon, n'a pu créer des êtres voués au mal et malheureux pour l'éternité. Selon eux, il n'y a pas de *démons* dans l'acception absolue et restreinte de ce mot ; il n'y a que des Esprits imparfaits qui tous peuvent s'améliorer par leurs efforts et leur volonté. Les Esprits de la neuvième classe seraient les véritables *démons*, si ce mot n'impliquait pas l'idée d'une nature perpétuellement mauvaise.

DÉMON FAMILIER. (Voy. *Esprit familier*).

DÉMONOLOGIE, DÉMONOGRAPHIE, traité de la nature et de l'influence des démons.

DÉMONOMANCIE (du gr. *daïmôn et manléia,* divination). Prétendue connaissance de l'avenir par l'inspiration des démons.

DÉMONOMANIE variété de l'aliénation mentale qui consiste à se croire possédé du démon.

DIABLE (du gr. *diabolos,* délateur, accusateur, médisant, calomniateur). Selon la croyance vulgaire, c'est un être réel, un ange rebelle, chef de tous les démons, et qui a un pouvoir assez étendu pour lutter contre Dieu même. Il connaît nos plus secrètes pensées, souffle toutes les mauvaises passions et prend toutes les formes pour nous induire au mal. D'après la doctrine des Esprits sur les démons, le diable est la personnification du mal ; c'est un être allégorique résumant en lui toutes les mauvaises passions des Esprits imparfaits. De même que les Anciens donnaient à leurs divinités allégoriques des attributs spéciaux : au Temps, une faux, un sablier, des ailes et la figure d'un vieillard ; à la Fortune, un bandeau sur les yeux et une roue sous *un* pied, etc., de même le diable a dû être représenté sous les traits caractéristiques de la bassesse des inclinations. Les cornes et la queue sont les emblèmes de la bestialité, c'est-à-dire de la brutalité des passions animales.

DIEU, intelligence suprême, cause première de toutes choses. Il est éternel, immuable, immatériel, unique, tout-puissant, souverainement juste et bon, et infini dans toutes ses perfections.

DRYADES (Voy. *Hamadryades*).

ECHELLE SPIRITE, tableau des différents ordres d'Esprits indiquant les degrés qu'ils ont à parcourir pour arriver à la perfection. Elle comprend trois ordres principaux : les Esprits imparfaits, les bons Esprits, les purs Esprits, subdivisés en neuf classes caractérisées par la progression des sentiments moraux et des idées intellectuelles.

Les Esprits nous enseignent eux-mêmes qu'ils appartiennent à différentes catégories, selon le degré de leur épuration, mais ils nous disent aussi que ces catégories ne constituent point des espèces distinctes, et que tous les Esprits sont appelés à les parcourir successivement. (Voy. les développements relatifs au caractère de chaque classe d'Esprits dans le chapitre spécial).

EMANCIPATION DE L'AME, état particulier de la vie humaine pendant lequel l'âme, se dégageant de ses liens matériels, recouvre quelques-unes de ses facultés d'Esprit et entre plus facilement en communication avec les êtres incorporels. Cet état se manifeste principalement par le phénomène des rêves, de la somniloquie, de la double vue, du somnambulisme naturel ou magnétique, et de l'extase. (Voy. ces mots).

Enfer (du lat. *inferna,* fait d'*infernus,* inférieur, qui est en bas, au-dessous ; sous-entendu *locus,* lieu ; lieu inférieur), ainsi nommé parce que les Anciens le croyaient placé dans les entrailles de la terre. Au pluriel, il ne se dit guère que dans le langage poétique ou en parlant des lieux souterrains où, selon les Païens, les âmes allaient après la mort. Les Enfers comprenaient deux parties : les *Champs-Elysées,* séjour enchanté des hommes de bien, et le *Tartare,* lieu où les méchants subissaient le châtiment de leurs crimes par le feu et des tortures éternelles.

La croyance relative à la position souterraine des Esprits a survécu au paganisme. Selon l'Eglise catholique : *Jésus est descendu aux Enfers où les âmes des justes attendaient sa venue dans les Limbes.* Les âmes des méchants seront précipitées dans les Enfers. La signification de ce mot est aujourd'hui restreinte au séjour des réprouvés ; mais le progrès des sciences géologiques et astronomiques ayant éclairé sur la structure du globe terrestre et sa véritable position dans l'espace, l'Enfer fut exilé de son sein, et aujourd'hui aucune place déterminée ne lui est assignée.

Dans l'état d'ignorance, l'homme est incapable de saisir les abstractions et d'embrasser les généralités ; il ne conçoit rien qui ne soit localisé et circonscrit ; il matérialise les choses immatérielles ; il rabaisse même la majesté divine. Mais à mesure que le progrès de la science positive vient l'éclairer, il reconnaît son erreur ; ses idées, de mesquines et rétrécies qu'elles étaient, grandissent, et l'horizon de l'infini se déroule à ses yeux. C'est ainsi que, selon la doctrine spirite, les peines d'outre-tombe, ne pouvant être que morales, sont inhérentes à la nature impure et imparfaite des Esprits inférieurs ; il n'y a pas d'enfer localisé dans le sens vulgaire attaché à ce mot ; chacun le porte en soi-même par les souffrances qu'il endure et qui n'en sont pas moins cuisantes pour n'être pas physiques ; l'Enfer est partout où il y a des Esprits imparfaits. (Voy. *Paradis, Feu éternel, Peines éternelles*).

Epreuves, vicissitudes de la vie corporelle par lesquelles les Esprits s'épurent suivant la manière dont ils les subissent. Selon la doctrine spirite, l'Esprit dégagé du corps, reconnaissant son imperfection, choisit lui-même, par un acte de son libre arbitre, le genre d'épreuves qu'il croit le plus propre à son avancement, et qu'il subira dans une nouvelle existence. S'il choisit une épreuve au-dessus de ses forces, il succombe, et son avancement est retardé.

Erraticité, état des Esprits errants, c'est-à-dire non incarnés pendant les intervalles de leurs diverses existences corporelles. L'erraticité n'est point un signe absolu d'infériorité pour les Esprits. Il y a des Esprits errants de toutes les classes, sauf ceux du premier ordre ou purs Esprits qui, n'ayant plus d'incarnation à subir, ne peuvent être considérés comme errants. Les Esprits errants sont heureux ou malheureux selon le degré de leur épuration. C'est dans cet état que l'Esprit, alors qu'il a dépouillé le voile matériel du corps, reconnaît ses existences antérieures et les fautes qui l'éloignent de la perfection et du bonheur infini ; c'est alors aussi qu'il choisit de nouvelles épreuves afin d'avancer plus vite.

Esprit (du lat. *spiritus,* fait de *spirare,* souffler). Dans le sens spécial de la doctrine spirite, *les Esprits sont les êtres intelligents de la création et qui peuplent l'univers en dehors du monde corporel.*

La nature intime des Esprits nous est inconnue ; eux-mêmes ne peuvent la définir, soit par ignorance, soit par l'insuffisance de notre langage. Nous sommes à cet égard comme les aveugles de naissance pour la lumière. Selon ce qu'ils nous disent, l'Esprit n'est point matériel dans le sens vulgaire du mot ; il n'est point non plus immatériel dans le sens absolu, car l'Esprit est *quelque chose* et l'immatérialité absolue serait le néant. L'Esprit est donc formé d'une substance, mais dont la matière grossière qui affecte nos sens ne peut nous donner une idée. On peut le comparer à une flamme ou étincelle dont l'éclat varie selon le degré de son épuration. Il peut affecter toutes sortes de formes au moyen du *périsprit* dont il est entouré. (Voy. *Périsprit*).

Esprit élémentaire, Esprit considéré en lui-même et abstraction faite de son périsprit ou enveloppe semi-matérielle.

Esprit familier, Esprit qui s'attache à une personne ou à une famille, soit pour la protéger, s'il est bon, soit pour lui nuire, s'il est mauvais. L'Esprit familier n'a pas besoin d'être évoqué ; il est toujours présent, et répond instantanément à l'appel qui lui est fait. Souvent il manifeste sa présence par des signes sensibles.

Esprits frappeurs, ceux qui révèlent leur présence

par des coups frappés. Ils appartiennent aux classes inférieures.

Evocation (Voy. *Invocation*).

Expiation, peine que subissent les Esprits en punition des fautes commises pendant la vie corporelle. L'expiation, comme souffrance morale, a lieu à l'état errant ; comme souffrance physique, elle a lieu à l'état corporel. Les vicissitudes et les tourments de la vie corporelle sont à la fois des épreuves pour l'avenir et une expiation pour le passé.

Extase (du gr. *ekstasis,* renversement d'esprit ; fait de *existémi,* frapper d'étonnement) ; paroxysme de l'émancipation de l'âme pendant la vie corporelle, d'où résulte la suspension momentanée des facultés perceptives et sensitives des organes. Dans cet état, l'âme ne tient plus au corps que par de faibles liens qu'elle cherche à rompre ; elle appartient plus au monde des Esprits qu'elle entrevoit qu'au monde matériel.

L'extase est quelquefois naturelle et spontanée ; elle peut aussi être provoquée par l'action magnétique, et, dans ce cas, c'est un degré supérieur de somnambulisme.

Farfadets (du lat. *fadus, fada, fée*) ; esprits follets ; sorte de lutins, plus malins que méchants, appartenant à la classe des Esprits légers. (Voy. *Lutin*).

Fatalité (du lat. *fatalitas,* fait de *fatum,* destinée), destinée inévitable. Doctrine qui suppose tous les événements de la vie et, par extension, tous nos actes, arrêtés d'avance et soumis à une loi à laquelle nous ne pouvons nous soustraire. Il y a deux sortes de fatalités : l'une provenant des causes extérieures qui nous atteignent et réagissent sur nous, et que l'on peut appeler réactive, externe, fatalité éventuelle ; l'autre qui a sa source en nous-mêmes et détermine toutes nos actions ; c'est la fatalité personnelle. La fatalité, dans le sens absolu du mot, fait de l'homme une machine, sans initiative ni libre arbitre, et, par conséquent, sans responsabilité : c'est la négation de toute morale.

Selon la doctrine spirite, l'Esprit choisissant sa nouvelle existence et le genre d'épreuve qu'il doit subir, fait en cela acte de liberté. Les événements de la vie sont la conséquence de ce choix et en rapport avec la position sociale de l'existence ; si l'Esprit doit renaître dans une condition servile, le milieu dans lequel il se trouvera amènera des événements tout autres que s'il doit être riche et puissant ; mais, quelle que soit cette condition, il conserve son libre arbitre dans tous les actes de sa volonté, et n'est point fatalement entraîné à faire telle ou telle chose, ni à subir tel ou tel accident. Par le genre de lutte qu'il a choisi, il a chance d'être porté à certains actes ou de rencontrer certains obstacles, mais il n'est pas dit que cela aura lieu infailliblement et qu'il ne puisse d'ailleurs l'éviter par sa prudence et par sa volonté ; c'est pour cela que Dieu lui a donné le jugement. Il en est ainsi comme d'un homme qui, pour arriver à un but, aurait trois routes à choisir : par la montagne, par la plaine ou par mer. Dans la première il a chance de rencontrer des pierres et des précipices, dans la seconde des marais, dans la troisième d'essuyer des tempêtes ; mais il n'est pas dit qu'il heurtera une pierre, qu'il s'enfoncera dans les marais ou qu'il fera naufrage à un endroit plutôt qu'à un autre. Le choix même de la route n'est point fatal dans le sens absolu du mot ; l'homme, par instinct, prendra celle où il devra rencontrer l'épreuve choisie ; s'il doit lutter contre les flots, son instinct ne le portera pas à prendre la route de la montagne.

Selon le genre d'épreuves choisi par l'Esprit, l'homme est exposé à certaines vicissitudes ; par suite même de ces vicissitudes il est soumis à des entraînements auxquels il dépend de lui de se soustraire. Celui qui commet un crime n'est point fatalement porté à l'accomplir ; il a choisi une vie de lutte qui peut l'y exciter ; s'il cède à la tentation, c'est par la faiblesse de sa volonté. Ainsi le libre arbitre existe pour l'Esprit à l'état errant dans le choix qu'il fait des épreuves auxquelles il se soumet, et à l'état d'incarnation dans les actes de la vie corporelle. Il n'y a de fatal que l'instant de la mort ; car le genre de mort est encore une suite de la nature des épreuves choisies.

Tel est le résumé de la doctrine des Esprits sur la fatalité.

FÉES (du latin *fata*).

Selon la croyance vulgaire, les fées sont des êtres semi-matériels doués d'un pouvoir surhumain ; elles sont bonnes ou mauvaises, protectrices ou malfaisantes ; elles peuvent à volonté se rendre visibles ou invisibles, et prendre toutes sortes de formes. Les fées ont, dans le Moyen-Age et chez les peuples modernes, succédé aux divinités subalternes des Anciens. Si on dégage leur histoire du merveilleux que leur prête l'imagination des poètes et la crédulité populaire, on y retrouve toutes les manifestations spirites dont nous sommes témoins et qui se sont produites à toutes les époques : c'est incontestablement aux faits de ce genre que cette croyance doit son origine. Dans les fées qui sont censées présider à la naissance d'un enfant et le suivre dans le cours de sa vie, on reconnaît sans peine les Esprits ou génies familiers. Leurs inclinations plus ou moins bonnes, et qui sont toujours le reflet des passions humaines, les placent naturellement dans la catégorie des Esprits inférieurs ou peu avancés (Voy. *Polythéisme*).

FEU ÉTERNEL. L'idée du feu éternel, comme châtiment, remonte à la plus haute antiquité, et vient de la croyance des Anciens qui plaçaient les Enfers dans les entrailles de la terre, dont le feu central leur était révélé par les phénomènes géologiques. Lorsque l'homme eut acquis sur la nature de l'âme des notions plus élevées, il comprit qu'un être *immatériel* ne pouvait subir les atteintes d'un feu *matériel ;* mais le feu n'en resta pas moins comme l'emblème du plus cruel supplice, et l'on ne trouva pas de figure plus énergique pour peindre les souffrances morales de l'âme ; c'est dans ce sens que l'entend aujourd'hui la haute théologie ; et c'est dans ce sens également qu'on dit : brûler d'amour, être consumé par la jalousie, l'ambition, etc.

FLUIDIQUE, opposé à *solide ;* qualification donnée aux Esprits par quelques écrivains pour caractériser leur nature éthérée ; on dit : les *Esprits fluidiques.* Nous croyons cette expression impropre ; elle présente d'ailleurs une sorte de pléonasme à peu près comme si l'on disait de *l'air gazeux ;* le mot *Esprit* dit tout ; il renferme en lui-même sa propre définition ; il réveille nécessairement l'idée d'une chose incorporelle ; un Esprit qui ne serait pas fluidique ne serait pas un Esprit. Ce mot a un autre inconvénient, c'est d'assimiler la nature des Esprits à nos fluides matériels ; il rappelle trop l'idée de laboratoire.

Frappeur. (Voy. *Esprit*).

Génie (du lat. *genius,* formé du grec *géinô,* engendrer, produire) ; c'est dans ce sens qu'on dit d'un homme capable de créer ou d'inventer des choses extraordinaires que c'est un homme de génie. Dans le langage spirite, *génie* est synonyme d'*Esprit.* On dit indifféremment : Esprit familier et génie familier, bon et mauvais Esprit, bon et mauvais génie. Le mot Esprit renferme un sens plus vague et moins circonscrit ; le génie est une sorte de personnification de l'Esprit ; on se le figure sous une forme déterminée plus ou moins semblable à la forme humaine, mais vaporeuse et impalpable, tantôt visible, tantôt invisible. Les génies sont les Esprits dans leurs rapports avec les hommes, agissant sur eux par un pouvoir occulte supérieur.

Génie familier. (Voy. *Esprit familier*).

Gnomes (du gr. *gnômon,* connaisseur, habile, fait de *gnosko,* connaître) : génies intelligents que l'on suppose habiter l'intérieur de la terre. Par les qualités qu'on leur attribue, ils appartiennent à l'ordre des esprits imparfaits et à la classe des Esprits légers.

Hallucination (du lat. *hallucinare,* errer). « Erreur, illusion d'une personne qui croit avoir des perceptions qu'elle n'a pas réellement ». (Acad.) — Les phénomènes spirites qui proviennent de l'émancipation de l'âme prouvent que ce que l'on qualifie d'hallucination est souvent une perception réelle analogue à celle de la douleur vue du somnambulisme ou de l'extase, provoquée par un état anormal, un effet des facultés de l'âme dégagée des liens corporels. Sans doute, il y a quelquefois une véritable hallucination dans le sens attaché à ce mot ; mais l'ignorance et le peu d'attention que l'on a prêté jusqu'à présent à ces sortes de phénomènes ont fait regarder comme une illusion ce qui souvent est une vision réelle. Quand on ne sait comment expliquer un fait psychologique, on trouve tout simple de le qualifier d'hallucination.

HAMADRYADE (du gr. *ama,* ensemble, et *drûs*, chêne. *Dryade,* de *drûs,* chêne), nymphe des bois, selon la mythologie païenne. Les dryades étaient des nymphes immortelles qui présidaient aux arbres en général, et qui pouvaient errer en liberté autour de ceux qui leur étaient particulièrement consacrés. L'*hamadryade* n'était point immortelle ; elle naissait et mourait avec l'arbre dont la garde lui était confiée et qu'elle ne pouvait jamais quitter. Il n'est pas douteux aujourd'hui que l'idée des dryades tire son origine des manifestations analogues à celles dont nous sommes témoins. Les Anciens, qui poétisaient tout, ont divinisé les intelligences occultes qui se manifestent dans la substance même des corps ; pour nous, ce ne sont que des Esprits frappeurs.

IDÉES INNÉES : idées ou connaissances non acquises et que l'on semble apporter en naissant. On a longtemps discuté sur les idées innées dont certains philosophes ont combattu l'existence, prétendant que toutes sont acquises. S'il en était ainsi, comment expliquer certaines prédispositions naturelles qui se révèlent souvent dès le plus bas âge et en dehors de tout enseignement ? Les phénomènes spirites jettent un grand jour sur cette question. L'expérience ne laisse aucun doute aujourd'hui sur ces sortes d'idées qui trouvent leur explication dans la succession des existences. Les connaissances acquises par l'esprit dans les existences antérieures se reflètent dans les existences postérieures par ce que l'on nomme *idées innées*.

ILLUMINÉ : qualification donnée à certains individus qui se prétendent éclairés de Dieu d'une manière particulière et que l'on regarde généralement comme des visionnaires ou des cerveaux dérangés ; on dit : La secte des illuminés. On a confondu sous cette dénomination tous ceux qui reçoivent des communications intelligentes et *spontanées* de la part des Esprits. Si dans le nombre il s'est trouvé des hommes surexcités par une imagination exaltée, on sait aujourd'hui la part qu'il convient de faire à la réalité.

INCARNATION : état des Esprits qui revêtent une enveloppe corporelle. On dit : *Esprit incarné* par opposition à *Esprit errant*. Les Esprits sont errants dans l'intervalle de leurs différentes incarnations. L'incarnation peut avoir lieu sur la terre ou dans un autre monde.

INSTINCT : sorte d'intelligence rudimentaire qui dirige les êtres vivants dans leurs actions, à l'insu de leur volonté et dans l'intérêt de leur conservation. L instinct devient intelligence quand il y a délibération. Par l'instinct on agit sans raisonner ; par l'intelligence on raisonne avant d'agir. Chez l'homme on confond très souvent les idées instinctives avec les idées *intuitives*. Ces dernières sont celles qu'il a puisées, soit à l'état d'esprit, soit dans les existences antérieures, et dont il conserve un vague souvenir.

INTELLIGENCE, faculté de concevoir, de comprendre et de raisonner. Il serait injuste de refuser aux animaux une sorte d'intelligence et de croire qu'ils ne font que suivre machinalement l'impulsion aveugle de l'instinct. L'observation démontre que dans beaucoup de cas ils agissent de propos délibéré et selon les circonstances ; mais cette intelligence, quelque admirable qu'elle soit, est toujours limitée à la satisfaction des besoins matériels, tandis que celle de l'homme lui permet de s'élever au-dessus de la condition de l'humanité. La ligne de démarcation entre les animaux et l'homme est tracée par la connaissance qu'il est donné à ce dernier d'avoir de l'Etre Suprême. (Voy. *Instinct*).

INTUITION. (Voy. *Instinct, idées innées*).

INVISIBLE, nom sous lequel certaines personnes désignent les Esprits dans leurs manifestations. Cette dénomination ne nous semble pas heureuse, d'abord parce que, si l'invisibilité est pour nous l'état normal des Esprits, on sait qu'elle n'est pas absolue, puisqu'ils peuvent nous apparaître ; secondement, cette qualification n'a rien qui caractérise essentiellement les Esprits ; elle s'applique également à tous les corps inertes qui n'affectent pas le sens de la vue. Le mot *Esprit* a par lui-même une signification qui réveille l'idée d'un être intelligent et incorporel. Remarquons encore qu'en parlant d'un Esprit déterminé, de celui de Fénelon par exemple, on dira : C'est l'Esprit de Fénelon qui a dit telle chose, et non c'est l'invisible de Fénelon. Il est toujours préjudiciable à la clarté et à la pureté du langage de détourner les mots de leur acception propre.

Invocation (du lat. *in,* dans, et *vocare,* appeler). Evocation (du lat. *vocare,* et *e* ou *ex,* de, hors de). Ces deux mots ne sont point de parfaits synonymes, quoique ayant la même racine, *vocare :* appeler : c'est une erreur de les employer l'un pour l'autre. « *Evoquer,* c'est appeler, faire venir à soi, faire apparaître par des cérémonies magiques, des enchantements. Evoquer des âmes, des Esprits, des ombres. Les nécromanciens prétendaient évoquer les âmes des morts ». (*Acad.*) Chez les Anciens, *évoquer,* c'était faire sortir les âmes des Enfers pour les faire venir à soi.

Invoquer, c'est appeler *dans soi* ou à son secours une puissance supérieure ou surnaturelle. On invoque Dieu par la prière. Dans la religion catholique on invoque les Saints. Toute prière est une invocation. L'invocation est dans la pensée ; l'évocation est un acte. Dans l'invocation l'être auquel on s'adresse vous entend ; dans l'évocation il sort du lieu où il était pour venir à vous et manifester sa présence. L'invocation ne s'adresse qu'aux êtres que l'on suppose assez élevés pour nous assister ; on évoque les Esprits inférieurs aussi bien que les Esprits supérieurs. « Moïse défendit, sous peine de la vie, d'évoquer les âmes des morts, pratique sacrilège en usage chez les Chananéens. Le 22e chapitre du IIe livre des Rois parle de l'*évocation* de l'ombre de Samuel par la Pythonisse ».

L'art des évocations, comme on le voit, remonte à la plus haute antiquité ; on le retrouve à toutes les époques et chez tous les peuples. Jadis l'évocation était accompagnée de pratiques mystiques, soit qu'on les crût nécessaires, soit, ce qui est plus probable, pour se donner le prestige d'un pouvoir supérieur. Aujourd'hui on sait que le pouvoir d'évoquer n'est point un privilège, qu'il appartient à tout le monde, et que toutes les cérémonies magiques et cabalistiques n'étaient qu'un vain apparat.

Selon les Anciens, toutes les âmes évoquées, ou étaient errantes ou venaient des Enfers, qui comprenaient, comme on le sait, les Champs-Elysées aussi bien que le Tartare ; il ne s'y joignait aucune mauvaise interprétation. Dans le langage moderne, la signification du mot *enfer* ayant été restreinte au séjour des réprouvés, il s'en est suivi qu'à l'idée d'évocation s'est attachée, pour certaines personnes, celle de mauvais Esprits ou de démons ; mais cette croyance tombe à mesure que l'on acquiert une connaissance plus approfondie des faits ; aussi est-elle la moins répandue parmi tous ceux qui croient à la réalité des manifestations spirites ; elle ne saurait prévaloir devant l'expérience et un raisonnement exempt de préjugés.

LARES. (Voy. *Mânes, Pénates*).

LIBRE ARBITRE, liberté morale de l'homme ; faculté qu'il a de se guider selon sa volonté dans l'accomplissement de ses actes. Les Esprits nous enseignent que l'altération des facultés mentales, par une cause accidentelle ou naturelle, est le seul cas où l'homme soit privé de son libre arbitre ; hors cela il est toujours le maître de faire ou de ne pas faire. Il jouit de cette liberté à l'état d'Esprit, et c'est en vertu de cette faculté qu'il choisit librement l'existence et les épreuves qu'il croit propres à son avancement ; il la conserve à l'état corporel, afin de pouvoir lutter contre ces mêmes épreuves. Les Esprits qui enseignent cette doctrine ne peuvent être de mauvais esprits. (Voy. *Fatalité*).

LUCIDITÉ, *clairvoyance,* faculté de voir sans le secours des organes de la vue. C'est une faculté inhérente à la nature même de l'âme ou de l'Esprit, et qui réside dans tout son être ; voilà pourquoi, dans tous les cas où il y a émancipation de l'âme, l'homme a des perceptions indépendantes des sens. Dans l'état corporel normal, la faculté de voir est bornée par les organes matériels ; dégagée de cet obstacle, elle n'est plus circonscrite ; elle s'étend partout où l'âme exerce son action ; telle est la cause de la vue à distance dont jouissent certains somnambules. Ils se voient à l'endroit même qu'ils observent, fût-il à mille lieues, parce que, si le corps n'y est pas, l'âme y est en réalité. On peut donc dire que le somnambule voit par la lumière de l'âme.

Le mot *clairvoyance* est plus général ; lucidité se dit plus particulièrement de la clairvoyance somnambulique. Un somnambule est plus ou moins lucide, selon que l'émancipation de l'âme est plus ou moins complète.

LUTIN, du vieux mot *luicter,* lutter, selon quelques-uns, d'où l'on a fait successivement *luicton, luiton, luits,* et finalement *lutin.* Selon d'autres, *luicton* serait mis pour *nuicton,* dérivé de *nuict,* la nuit, parce que les lutins, suivant la croyance vulgaire, viennent principalement la nuit pour tourmenter les vivants.

On peut comprendre sous cette dénomination certains esprits légers, plutôt espiègles et malins que méchants ; ils se plaisent à faire éprouver de petites vexations et de petites contrariétés ; ils sont ignorants, menteurs et moqueurs ; ce sont les enfants terribles du monde spirite. Leur langage est souvent spirituel, mordant et satirique, rarement grossier ; ils se plaisent aux facéties et sympathisent avec les personnes d'un caractère léger ; ce serait perdre son temps et s'exposer à de ridicules mécomptes que de leur adresser des questions sérieuses.

MAGIE, MAGICIEN (du gr. *magos,* sage, savant, formé de *mageia,* connaissance profonde de la nature, d'où l'on a fait *mage,* prêtre, savant et philosophe chez les anciens Perses). La *magie,* dans l'origine, était la science des savants ; tous ceux qui connaissaient l'astrologie, qui se flattaient de prédire l'avenir, qui faisaient des choses extraordinaires et incompréhensibles pour le vulgaire, étaient des mages ou savants que, plus tard, on appela *magiciens.* L'abus et le charlatanisme ont déconsidéré la magie ; mais tous les phénomènes que nous reproduisons aujourd'hui par le magnétisme, le somnambulisme et le spiritisme prouvent que la magie n'était pas un art purement chimérique, et que parmi beaucoup d'absurdités il y avait assurément des choses très réelles. La vulgarisation de ces phénomènes a pour effet de détruire le prestige de ceux qui les opéraient jadis sous le voile du secret, et abusaient de la crédulité en s'attribuant un prétendu pouvoir surnaturel. Grâce à cette vulgarisation, nous savons aujourd'hui qu'il n'y a rien de surnaturel en ce monde, et que certaines choses ne nous paraissent déroger aux lois de la nature que parce que nous n'en connaissons pas la cause.

MAGNÉTISME ANIMAL (du gr. et du lat. *magnes,*

aimant), ainsi nommé par analogie avec le magnétisme minéral. L'expérience ayant démontré que cette analogie n'existe pas, ou n'est qu'apparente, cette dénomination n'est pas exacte, mais comme elle est consacrée par un usage universel, et que d'ailleurs l'épithète qu'on y ajoute ne permet pas d'équivoque, il y aurait plus d'inconvénient que d'utilité à changer ce nom. Quelques personnes y substituent le mot *mesmérisme,* mais, jusqu'à présent, il n'a pas encore prévalu.

Le magnétisme animal peut être ainsi défini : action réciproque de deux êtres vivants par l'intermédiaire d'un agent spécial appelé *fluide magnétique.*

Magnétiseur, Magnétiste, ce dernier mot est employé par quelques personnes pour désigner les adeptes du magnétisme, ceux qui croient à ses effets. Le magnétiseur est le praticien, celui qui exerce ; le magnétiste est le théoricien. On peut être magnétiste sans être magnétiseur, mais on ne peut être magnétiseur sans être magnétiste. Cette distinction nous paraît utile et logique.

Manes (du lat. *manere,* rester, selon les uns ; de *manes, manium,* fait de *manus,* bon, selon d'autres). Dans la mythologie romaine et étrusque, les mânes étaient les âmes ou les ombres des morts. Les Anciens avaient un grand respect pour les mânes de leurs ancêtres qu'ils croyaient apaiser par des sacrifices. Ils se les figuraient sous leur forme humaine, mais vaporeuse et invisible, errant autour de leurs tombeaux ou de leurs habitations et visitant leurs familles. Qui ne reconnaîtrait dans ces mânes les Esprits sous l'enveloppe semi-matérielle du périsprit, et qui nous disent eux-mêmes être parmi nous sous la forme qu'ils avaient de leur vivant ? (Voy. *Pénates*).

Manifestation, acte par lequel un Esprit révèle sa présence. Les manifestations sont :

Occultes, quand elles n'ont rien d'ostensible et que l'Esprit se borne à agir sur la pensée ;

Patentes, quand elles sont appréciables par les sens ;

Physiques, quand elles se traduisent par des phénomènes matériels, tels que les bruits, le mouvement et le déplacement des objets ;

Intelligentes quand elles révèlent une pensée. (Voy. *communication*) ;

Spontanées, quand elles sont indépendantes de la volonté et ont lieu sans qu'aucun Esprit soit appelé ;

Provoquées ; quand elles sont l'effet de la volonté, du désir ou d'une évocation déterminée ;

Apparentes, quand l'Esprit se produit à la vue. (Voy. *Apparition*).

Matérialisme : système de ceux qui pensent que tout est matière chez l'homme, et qu'ainsi rien ne survit en lui après la destruction du corps. Il nous semble inutile de réfuter cette opinion, qui d'ailleurs est personnelle à certains individus et n'est nulle part érigée en doctrine. Si l'on peut démontrer l'existence de l'âme par le raisonnement, les manifestations spirites en sont la preuve patente ; par elles nous assistons en quelque sorte à toutes les péripéties de la vie d'outre-tombe. Le matérialisme, qui n'est fondé que sur une négation, ne peut tenir contre l'évidence des faits ; c'est pourquoi la doctrine spirite en a souvent triomphé chez ceux mêmes qui avaient résisté à tous les autres arguments. Sa vulgarisation est le moyen le plus puissant pour extirper cette plaie des sociétés civilisées.

Médiums (du lat. *medium,* milieu intermédiaire) : personnes accessibles à l'influence des Esprits, et plus ou moins douées de la faculté de recevoir et de transmettre leurs communications. Pour les Esprits, le médium est un intermédiaire ; c'est un agent ou un instrument plus ou moins commode, selon la nature ou le degré de la faculté médiatrice. Cette faculté tient à une disposition organique spéciale susceptible de développement. On distingue plusieurs variétés de médiums. Selon leur aptitude particulière pour tel ou tel mode de transmission, ou tel ou tel genre de communication.

Médiums a influence physique : ceux qui ont la puissance de provoquer des manifestations ostensibles. Ils comprennent les variétés suivantes :

Médiums moteurs, ceux qui provoquent le mouvement et le déplacement des objets ;

Médiums typteurs, ceux qui provoquent les bruits et les coups frappés ;

Médiums appariteurs, ceux qui provoquent des apparitions. (Voy. *Apparition*).

Parmi les médiums à influence physique, on distingue :

Les Médiums naturels, ceux qui produisent les phénomènes spontanément et sans aucune participation de leur volonté ;

Les Médiums facultatifs, ceux qui ont la puissance de les provoquer par l'acte de la volonté.

Médiums a influences morales, ceux qui sont plus spécialement propres à recevoir et à transmettre les communications intelligentes ; on les distingue selon leur aptitude spéciale :

Médiums écrivains ou psychographes, ceux qui ont la faculté d'écrire eux-mêmes sous l'influence des Esprits. (Voy. *Psychographie*).

Médiums pneumatographes, ceux qui ont la faculté d'obtenir l'écriture directe des Esprits. (Voy. *Pneumatographie*).

Médiums dessinateurs, ceux qui dessinent sous l'influence des Esprits ;

Médiums musiciens, ceux qui exécutent, composent ou écrivent de la musique sous l'influence des Esprits ;

Médiums parlants : ils transmettent par la parole ce que les médiums écrivains transmettent par l'écriture ;

Médiums communicateurs, personnes qui ont le pouvoir de développer chez les autres, par leur volonté, la faculté d'écrire, qu'elles soient ou non elles-mêmes médiums écrivains ;

Médiums inspirés, personnes qui, soit dans l'état normal, soit dans l'état d'extase, reçoivent par la pensée, des communications occultes, étrangères à leurs idées préconçues ;

Médiums à pressentiments, personnes qui, dans certaines circonstances, ont une vague intuition des choses futures ;

Médiums voyants, personnes qui ont la faculté de seconde vue, ou celle de voir les Esprits. (Voy. *Vue*).

Médiums sensitifs ou impressibles, personnes susceptibles de ressentir la présence des Esprits par une vague impression dont elles ne peuvent se rendre compte. Cette variété n'a pas de caractère bien tranché ; tous les médiums sont nécessairement impressibles ; l'impressionnabilité est ainsi plutôt une qualité générale que spéciale ; c'est la faculté rudimentaire indispensable au développement de toutes les autres ; elle diffère de l'impressionnabilité purement physique et nerveuse avec laquelle il ne faut pas la confondre.

Remarque. Quelques personnes disent au pluriel des *media,* comme on dit des *errata.* Nous ne voyons aucun avantage à multiplier sans nécessité les exceptions déjà si nombreuses de notre langue. Tous les grammairiens sont aujourd'hui d'accord pour donner à la plupart des mots étrangers passés dans le langage usuel le signe français du pluriel. Plusieurs mots à terminaison latine sont d'ailleurs dans ce cas, on dit des muséums, des factums, des pensums, des mémorandums, etc., pourquoi ne dirait-on pas des *médiums ?* Il y aurait à dire des *media* une sorte d'affectation pédantesque.

MÉTEMPSYCHOSE (du grec *meta,* changement, *en,* dans, et *psukê, âme*) : transmigration de l'âme d'un corps dans un autre. « Le dogme de la métempsychose est d'origine indienne. De l'Inde, cette croyance passa en Egypte, d'où, plus tard, Pythagore l'importa dans la Grèce. Les disciples de ce philosophe enseignent que l'Esprit, quand il est affranchi des liens du corps, va dans l'empire des morts attendre, dans un état intermédiaire d'une durée plus ou moins longue, puis ensuite animer d'autres corps d'hommes ou d'*animaux,* jusqu'à ce que le temps de sa purification et de son retour à la source de vie soit accompli ». Le dogme de la métempsychose, comme on le voit, est basé sur l'individualité et l'immortalité de l'âme ; on y retrouve la doctrine des Esprits sur la réincarnation ; cet état intermédiaire d'une durée plus ou moins longue entre les différentes existences n'est autre chose que l'état errant dans lequel se trouvent les Esprits entre deux incarnations. Mais il y a entre la métempsychose indienne et la doctrine de la réincarnation, telle qu'elle nous est enseignée aujourd'hui, une différence capitale ; c'est d'abord que la première admet la transmigration de l'âme dans le corps des animaux, ce qui serait une dégradation ; secondement, que cette transmigration ne s'opère que sur la terre. Les Esprits nous disent, au contraire, que la réincarnation est un progrès incessant, que l'homme est une création à part dont l'âme n'a rien de commun avec le principe vital des animaux, que les différentes existences peuvent s'accomplir, soit sur la terre, soit, par une loi progressive, dans un monde d'un ordre supérieur, et cela, comme le dit Pythagore, « jusqu'à ce que le temps de la purification soit accompli ».

Monde corporel : ensemble des êtres intelligents ayant un corps matériel.

Monde spirite ou Monde des Esprits : ensemble des êtres intelligents dépouillés de leur enveloppe corporelle. Le monde spirite est le monde normal, primitif, préexistant et survivant à tout. L'état corporel n'est, pour les Esprits, que transitoire et passager. Ils changent d'enveloppe comme nous changeons de vêtement ; ils quittent celle qui est usée, comme nous quittons un vieil habit.

Mort, anéantissement des forces vitales du corps par l'épuisement des organes. Le corps étant privé du principe de la vie organique, l'âme s'en dégage et entre dans le monde des Esprits.

MYTHOLOGIE (du gr. *muthos*, fable, et *logos*, discours) : histoire fabuleuse des divinités païennes. On comprend également sous ce nom l'histoire de tous les êtres extra-humains qui, sous diverses dénominations, ont succédé aux dieux païens dans le Moyen Age ; c'est ainsi qu'on a la mythologie scandinave, teutonique, celtique, écossaise, irlandaise, etc...

NÉCROMANCIE (du gr. *nekros*, mort, et *mantéia*, divination) : art d'évoquer les âmes des morts pour en obtenir des révélations. Par extension, ce mot a été appliqué à tous les moyens de divination, et l'on qualifie de *nécromancien* quiconque fait profession de dire l'avenir. Cela tient sans doute à ce que la nécromancie, dans la véritable acception du mot, a dû être un des premiers moyens employés dans ce but ; en second lieu que, selon la croyance vulgaire, les âmes des morts devaient être les principaux agents dans les autres moyens de divination, tels que la *chiromancie*, divination par l'inspection de la main, la *cartomancie*, etc. L'abus et le charlatanisme ont discrédité la nécromancie comme la magie.

NOCTAMBULE, NOCTAMBULISME, du lat. *nox, noctis*, la nuit, et *ambulare*, marcher, se promener) ; celui qui marche ou se promène pendant la nuit en dormant ; synonyme de *somnambule*. Ce dernier mot est préférable, attendu que *noctambule, noctambulisme* n'impliquent nullement l'idée de sommeil.

ORACLE (du lat. *os, oris*, la bouche), réponse des dieux, selon les croyances païennes, aux questions qui leur étaient adressées ; ainsi nommé parce que les réponses étaient généralement transmises par *la bouche* des Pythonisses. (Voy. ce mot). Par extension, *oracle* se disait à la fois de la réponse, de la personne qui la prononçait, ainsi que des divers moyens employés pour connaître l'avenir. Tout phénomène extraordinaire, propre à frapper l'imagination, était censé l'expression de la volonté des dieux et devenait un oracle. Les prêtres païens, qui ne négligeaient aucune occasion d'exploiter la crédulité, s'en faisaient les interprètes et consacraient à cet effet avec solennité des temples où les fidèles venaient verser leurs offrandes dans le chimérique espoir de connaître l'avenir. La croyance aux oracles a évidemment sa source dans les communications spirites que le charlatanisme, la cupidité et l'amour de la domination avaient entourés de prestiges, et que nous voyons aujourd'hui dans toute leur simplicité.

Paradis : séjour des Bienheureux. Les Anciens le plaçaient dans la partie des Enfers appelée Champs-Elysées (Voy. *Enfer*) ; les peuples modernes, dans les régions élevées de l'espace. Ce mot est synonyme de *ciel,* pris dans la même acception, avec cette différence qu'au mot *ciel* se rattache une idée de béatitude infinie, tandis que celui de *paradis* est plus circonscrit et rappelle des jouissances un peu plus matérielles. On dit encore monter au ciel, descendre en enfer. Ces opinions sont fondées sur cette croyance primitive, fruit de l'ignorance, que l'univers est formé de sphères concentriques dont la terre occupe le centre ; c'est dans ces sphères appelées *ciels* que l'on a placé la demeure des justes ; de là l'expression de 5e, de 6e ciel pour désigner les divers degrés de béatitude. Mais depuis lors la science a porté son regard investigateur jusque dans les profondeurs éthéréennes ; elle nous montre l'espace universel sans limites, parsemé d'un nombre infini de globes, parmi lesquels circule le nôtre auquel aucune place de distinction n'est assignée, et sans qu'il y ait pour lui ni *haut* ni *bas*. Le savant, ne voyant partout que l'espace infini et des mondes innombrables, là où on lui avait indiqué le ciel ; ne trouvant dans les entrailles de la terre, au lieu de l'Enfer, que les couches géologiques sur lesquelles sa formation est inscrite en caractères irréfragables, il s'est pris à douter du Ciel et de l'Enfer, et de là au doute absolu il n'y avait qu'un pas.

La doctrine enseignée par les Esprits supérieurs est d'accord avec la science ; elle n'a plus rien qui blesse la raison et soit en contradiction avec les connaissances exactes. Elle nous montre le séjour des Bons, non plus dans un lieu clos, ou dans ces prétendues sphères dont l'ignorance avait entouré notre globe, mais partout où il y a de bons Esprits, dans l'espace pour ceux qui sont errants, dans les mondes plus parfaits pour ceux qui sont incarnés ; là est le Paradis Terrestre, là sont les Champs-Elysées, dont l'idée première vient de la connaissance intuitive qui avait été donnée à l'homme de cet état de choses, et que son ignorance et ses préjugés ont réduite à de mesquines proportions. Elle nous montre les méchants trouvant le châtiment de leurs fautes dans leur propre imperfection, dans leurs souffrances morales, dans la présence inévitable de leurs victimes, châtiments plus terribles que les tortures physiques incompatibles avec la doctrine de l'immatérialité de l'âme ; elle nous les montre expiant leurs erreurs par les tribulations de nouvelles existences corporelles qu'ils accomplissent dans des mondes imparfaits, et non dans un lieu d'éternels supplices d'où l'espérance est à jamais bannie. Là est l'Enfer. Que d'hommes nous ont dit : Si l'on nous avait enseigné cela dès notre enfance, nous n'aurions jamais douté !

L'expérience nous apprend que les Esprits non suffisamment dématérialisés sont encore sous l'empire des idées et des préjugés de l'existence corporelle ; ceux qui, dans leurs communications, tiennent un langage conforme aux idées dont l'erreur matérielle est démontrée, prouvent par cela même leur ignorance et leur infériorité. (*Paradis*, du gr. *paradeizos*, jardin, verger).

Peines éternelles. Les Esprits supérieurs nous enseignent que le bien seul est éternel, parce qu'il est l'essence de Dieu et que le mal aura une fin. Par une conséquence de ce principe ils combattent la doctrine de l'éternité des peines comme contraire à l'idée que Dieu nous donne de sa justice et de sa bonté. Mais la lumière ne se fait pour les Esprits qu'en raison de leur élévation ; dans les rangs inférieurs leurs idées sont encore obscurcies par la matière ; l'avenir pour eux est couvert d'un voile ; ils ne voient que le présent. Ils sont dans la position d'un homme qui gravit une montagne ; au fond de la vallée la brume et les détours de la route limitent sa vue ; il lui faut arriver au sommet pour découvrir tout l'horizon, juger du chemin qu'il a fait et de celui qui lui reste à faire. Les Esprits imparfaits n'apercevant pas le terme de leurs souffrances, croient souffrir toujours, et cette pensée même est un châtiment pour eux. Si donc certains Esprits nous parlent de peines éternelles, c'est qu'ils y croient eux-mêmes par suite de leur infériorité.

PÉNATES (du lat. *penitus,* intérieur, qui est dedans ; formé de *penus,* lieu retiré, caché). Dieux domestiques des Anciens, ainsi nommés parce qu'on les mettait dans l'endroit le plus retiré de la maison. — LARES (du nom de la nymphe *Lara,* parce qu'on les croyait enfants de cette nymphe et de Mercure). C'étaient, ainsi que les pénates, des dieux ou génies domestiques, avec cette différence que les *pénates* étaient, dans l'origine, les *mânes* des ancêtres dont on gardait les images dans un lieu secret, à l'abri de la profanation. Les *lares,* génies bienfaisants, protecteurs des familles et des maisons, étaient regardés comme héréditaires, parce qu'une fois attachés à une famille ils continuaient à en protéger les descendants. Non seulement chaque famille, chaque maison avait ses lares particuliers, mais il y en avait aussi pour les villes, les villages, les rues, les édifices publics, etc., qui étaient placés sous l'invocation de tels ou tels lares, comme ils le sont chez les chrétiens sous celle de tel ou tel saint patron.

Les lares et les pénates, dont on peut dire que le culte était universel, quoique sous des noms différents, n'étaient autres que les Esprits familiers dont l'existence nous est révélée aujourd'hui ; mais les Anciens en faisaient des dieux auxquels la superstition élevait des autels, tandis que, pour nous, ce sont simplement des Esprits qui ont animé des hommes comme nous, quelquefois nos parents et nos amis, et qui s'attachent à nous par sympathie. (Voy. *Polythéisme*).

PÉRISPRIT (de *peri,* autour, et *spiritus,* esprit). Enveloppe semi-matérielle de l'Esprit après sa séparation d'avec le corps. L'Esprit la puise dans le monde où il se trouve et en change en passant de l'un à l'autre ; elle est plus ou moins subtile ou grossière suivant la nature de chaque globe. Le périsprit peut prendre toutes les formes au gré de l'Esprit ; ordinairement il affecte l'image que celui-ci avait dans sa dernière existence corporelle.

Quoique d'une nature éthérée, la substance du périsprit est susceptible de certaines modifications qui la rendent perceptible à notre vue ; c'est ce qui a lieu dans les apparitions. Elle peut même par son union avec le fluide de certaines personnes devenir temporairement tangible, c'est-à-dire offrir au toucher la résistance d'un corps solide, ainsi qu'on le voit dans les apparitions stéréotites ou palpables.

La nature intime du périsprit n'est pas encore connue ; mais on pourrait supposer que la matière des corps est composée d'une partie solide et grossière et d'une partie subtile et éthérée ; que la première seule subit la décomposition produite par la mort, tandis que la seconde persiste et suit l'esprit. L'Esprit aurait ainsi une double enveloppe ; la mort ne le dépouillerait que de la plus grossière ; la seconde, qui constitue le périsprit, conserverait l'empreinte et la forme de la première dont elle est comme l'ombre ; mais sa nature essentiellement vaporeuse permettrait à l'esprit de modifier cette forme à son gré, de la rendre visible ou invisible, palpable ou impalpable.

Le périsprit est à l'esprit ce que le périsperme est au germe du fruit. L'amande, dépouillée de son enveloppe ligneuse, renferme le germe sous l'enveloppe délicate du périsperme.

PNEUMATOGRAPHIE (du gr. *pneuma,* air, souffle, vent, esprit, et *grapho,* j'écris) : écriture directe des Esprits sans le secours de la main d'un médium. (Voy. *Psychographie*).

PNEUMATOPHONIE (de *pneuma,* et de *phoné,* son ou voix) : communication verbale et directe des Esprits sans le secours des organes de la voix. Son ou voix qu'ils font entendre dans le vague de l'air et qui semble retentir à nos oreilles. (Voy. *Psychophonie*).

Remarque. Nous n'employons pas le mot *pneumatologie,* parce qu'il a déjà une acception scientifique déterminée, et, en second lieu, parce que ce mot serait impropre quand il ne s'agit que de sons vagues non articulés.

POLYTHÉISME (du gr. *polus,* plusieurs, et *théos,* Dieu). Religion qui admet plusieurs dieux. Chez les peuples anciens le mot dieu réveillait l'idée de puissance ; pour eux, toute puissance supérieure au vulgaire était un dieu ; les hommes même qui avaient fait de grandes choses devenaient des dieux pour eux. Les Esprits se manifestant par des effets qui leur semblaient surnaturels étaient à leurs yeux autant de divinités parmi lesquelles il est impossible de ne pas reconnaître nos Esprits de tous les degrés, depuis les Esprits frappeurs jusqu'aux Esprits supérieurs. Dans les dieux à forme humaine, se transportant à travers l'espace, changeant de forme et se rendant visibles ou invisibles à volonté, on reconnaît toutes les propriétés du périsprit. Aux passions qu'on leur prêtait, nous reconnaissons les Esprits non encore dématérialisés. Dans les mânes, les lares et les pénates, nous reconnaissons nos Esprits familiers, nos génies tutélaires. La connaissance des manifestations spirites est donc la source du polythéisme ; mais, dès la plus haute antiquité, les hommes éclairés avaient jugé ces prétendus dieux à leur juste valeur et reconnu en eux les créatures d'un Dieu suprême, souverain maître du monde. Le christianisme, en confirmant la doctrine de l'unité de Dieu et en éclairant les hommes par la sublime morale de l'Evangile, a marqué une ère nouvelle dans la marche progressive de l'humanité. Cependant comme les Esprits n'ont pas cessé de se manifester, au lieu de dieux, les hommes en ont fait des génies et des fées.

POSSÉDÉ. Selon l'idée attachée à ce mot, le *possédé* est celui en qui le démon est venu se loger. Le *démon le possède,* signifie *le démon s'est emparé de son corps.* (Voy. *Démon*). En prenant le *démon,* non dans son acception vulgaire, mais dans le sens de mauvais Esprits, Esprit impur, Esprit malfaisant, Esprit imparfait, il s'agirait de savoir si un Esprit de cette nature ou tout autre peut élire domicile dans le corps d'un homme conjointement avec celui qui y est incarné, ou en se substituant à lui. On pourrait demander ce que devient, dans ce dernier cas, l'âme ainsi expulsée. La doctrine spirite dit que l'Esprit uni au corps ne peut en être séparé définitivement que par la mort ; qu'un autre Esprit ne peut se mettre à sa place ni s'unir au corps simultanément avec lui ; mais elle dit aussi qu'un Esprit imparfait peut s'attacher à l'Esprit incarné, le maîtriser, dominer sa pensée, le contraindre, s'il n'a pas la force de lui résister, à faire telle ou telle chose, à agir dans tel ou tel sens ; il l'étreint pour ainsi dire sous son influence. Ainsi, il n'y a pas *possession* dans le sens absolu du mot, il y a *subjugation ;* il ne s'agit point de déloger un mauvais Esprit, mais, pour nous servir d'une comparaison matérielle, de lui faire lâcher prise, ce que l'on peut toujours quand on le veut sérieusement ; mais il y a des gens qui se complaisent dans une dépendance qui flatte leurs goûts et leurs désirs.

La superstition vulgaire attribue à la possession du démon certaines maladies qui n'ont d'autre cause qu'une altération des organes. Cette croyance était très répandue chez les Juifs ; pour eux, guérir ces maladies c'était chasser les démons. Quelle que soit la cause de la maladie, pourvu que la guérison ait lieu, cela n'ôte rien de la puissance de celui qui l'opère. Jésus et ses disciples pouvaient donc dire qu'ils chassaient les démons pour se servir du langage usuel. En parlant autrement ils n'auraient pas été compris, et peut-être même pas crus. Une chose peut être vraie ou fausse selon le sens qu'on attache aux mots. Les plus grandes vérités peuvent paraître absurdes quand on ne regarde que la forme.

Prière. La prière est une invocation et, dans certains cas, une évocation par laquelle on appelle à soi tel ou tel Esprit. Quand elle est adressée à Dieu, il nous envoie ses messagers, les Bons Esprits. La prière ne peut détourner les décrets de la Providence ; mais par elle les Bons Esprits peuvent venir à notre aide, soit pour nous donner la force morale qui nous manque, soit pour nous suggérer les pensées nécessaires : de là vient le soulagement que l'on éprouve quand on a prié avec ferveur. De là vient aussi le soulagement qu'éprouvent les Esprits souffrants quand on prie pour eux ; eux-mêmes demandent ces prières sous la forme qui leur est la plus familière et qui est le plus en rapport avec les idées qu'ils ont conservées de leur existence corporelle ; mais la raison, d'accord en cela avec les Esprits, nous dit que la prière des lèvres est une vaine formule quand le cœur n'y a point part.

PSYCHOGRAPHIE (du gr. *psuké,* papillon, âme, et *graphô,* j'écris) : transmission de la pensée des Esprits au moyen de l'écriture par les mains d'un médium. Dans le médium écrivain la main est l'instrument, mais son *âme,* ou l'esprit incarné en lui, est l'intermédiaire ou l'interprète de l'Esprit étranger qui se communique ; dans la *pneumatographie,* c'est l'Esprit étranger lui-même qui écrit sans intermédiaire. (Voy. *Pneumatographie*).

Psychographie immédiate ou directe, quand le médium écrit lui-même en tenant le crayon comme pour l'écriture ordinaire.

Psychographie médiate ou *indirecte,* quand le crayon est adapté à un objet quelconque qui sert en quelque sorte d'appendice à la main, comme une corbeille, une planchette, etc.

PSYCHOLOGIE, dissertation sur l'âme ; science qui traite de la nature de l'âme. Ce mot serait au médium parlant ce que la psychographie est au médium écrivain, c'est-à-dire la transmission de la pensée des Esprits par la voix d'un médium ; mais comme il a déjà une acception consacrée et bien définie, il ne convient pas de lui en donner une autre. (Voy. *Psychophonie*).

PSYCHOPHONIE (du gr. *psuké,* âme, et *phonê,* son ou

voix) : transmission de la pensée des Esprits par la voix d'un médium parlant.

PURETÉ ABSOLUE : état des Esprits du premier ordre ou purs Esprits ; ceux qui ont parcouru tous les degrés de l'échelle et qui n'ont plus d'incarnation à subir.

PURGATOIRE (du lat. *purgatorium*, fait de *purgare*, purger ; rac. *purus*, pur, que l'on dérive du gr. *pyr*, *pyros*, feu, ancien emblême de la purification), lieu d'expiation temporaire, selon l'Eglise catholique, pour les âmes qui ont encore à se purifier de quelques souillures. L'Eglise ne définit point d'une manière précise le lieu où se trouve le Purgatoire ; elle le place partout, dans l'espace, peut-être à côté de nous. Elle ne s'explique pas plus clairement sur la nature des peines que l'on y endure ; ce sont des souffrances plus morales que physiques ; il y a cependant du feu, mais la haute théologie reconnaît que ce mot doit être pris au figuré et comme emblème de la purification. L'enseignement des Esprits est beaucoup plus explicite à ce sujet ; ils rejettent, il est vrai, le dogme de l'éternité des peines (Voy. *Enfer, Peines éternelles*), mais ils admettent une expiation temporaire, plus ou moins longue, qui n'est autre, sauf le nom, que le purgatoire. Cette expiation a lieu par les souffrances morales de l'âme à l'état errant ; les Esprits errants sont partout : dans l'espace, à côté de nous, ainsi que le dit l'Eglise. L'Eglise admet au purgatoire certaines peines physiques ; la doctrine spirite dit que l'Esprit s'épure, se *purge* de ses impuretés dans ses existences corporelles ; les souffrances et les tribulations de la vie sont les expiations et les épreuves par lesquelles il s'élève ; d'où il résulte qu'ici-bas nous sommes en plein purgatoire. Ce que la doctrine catholique laisse dans le vague, les Esprits le précisent, le font toucher au doigt et à l'œil. Les Esprits qui souffrent peuvent donc dire qu'ils sont au purgatoire, pour se servir de notre langage. Si, en raison de leur infériorité morale, il ne leur est pas donné de voir le terme de leurs souffrances, ils diront qu'ils sont en Enfer. (Voy. *Enfer*).

L'Eglise admet l'efficacité des prières pour les âmes du purgatoire ; les Esprits nous disent que par la prière on appelle les bons Esprits qui donnent aux faibles la force morale qui leur manque pour supporter leurs épreuves. Les Esprits souffrants peuvent donc demander des prières sans qu'il y ait, en cela, contradiction avec la doctrine spirite ; or, d'après ce que nous savons des différents degrés des Esprits, nous comprenons qu'ils peuvent les demander selon la forme qui leur était familière de leur vivant. (Voy. *Prière*).

L'Eglise n'admet qu'une existence corporelle après laquelle le sort de l'homme est irrévocablement fixé pour l'éternité. Les Esprits nous disent qu'une seule existence dont la durée, souvent abrégée par les accidents, n'est qu'un point dans l'éternité, ne suffit pas à l'âme pour se purifier complètement, et que Dieu, dans sa justice, ne condamne point sans rémission celui de qui il n'a souvent pas dépendu d'être suffisamment éclairé sur le bien pour le pratiquer ; leur doctrine laisse à l'âme la faculté d'accomplir dans une série d'existences ce qu'elle n'a pu accomplir dans une seule : là est la principale différence ; mais si l'on scrutait avec soin tous les principes dogmatiques, et si l'on faisait toujours la part de ce qui doit être pris au figuré, beaucoup de contradictions apparentes disparaîtraient sans doute.

PYTHIE, PYTHONISSE, prêtresse d'Apollon Pythien, à Delphes, ainsi nommé du serpent Python qu'Appollon avait tué. La Pythie rendait les oracles, mais comme ils n'étaient pas toujours intelligibles, les prêtres se chargeaient de les interpréter selon les circonstances. (Voy. *Sybille*).

RÉINCARNATION : retour de l'Esprit à la vie corporelle.

La réincarnation peut avoir lieu immédiatement après la mort, ou après un laps de temps plus ou moins long pendant lequel l'Esprit est errant. Elle peut avoir lieu sur cette terre ou dans d'autres sphères, mais toujours dans un corps humain, et jamais dans celui d'un animal. La réincarnation est progressive ou stationnaire ; elle n'est jamais rétrograde. Dans ses nouvelles existences corporelles l'Esprit peut déchoir comme position sociale, mais non comme Esprit ; c'est-à-dire que de maître il peut devenir serviteur, de prince artisan, de riche misérable, tout en progressant toujours en science et en moralité ; ainsi le scélérat peut devenir homme de bien, mais l'homme de bien ne peut devenir scélérat.

Les Esprits imparfaits, qui sont encore sous l'influence de la matière, n'ont pas toujours sur la réincarnation des idées complètes ; la manière dont ils l'expliquent se ressent de leur ignorance et des préjugés terrestres, à peu près comme ferait un paysan à qui l'on demanderait si c'est la terre ou le soleil qui tourne. Ils n'ont de leurs existences antérieures qu'un souvenir confus, et l'avenir est pour eux dans le vague.

(On sait que le souvenir des existences passées s'élucide à mesure que l'Esprit s'épure). Quelques-uns parlent encore des sphères concentriques qui entourent la terre et dans lesquelles l'Esprit s'élevant graduellement parvient au septième ciel, qui est pour eux l'apogée de la perfection. Mais au milieu même de la diversité des expressions et de la bizarrerie des figures, une observation attentive fait aisément reconnaître une pensée dominante, celle des épreuves successives que l'Esprit doit subir, et des divers degrés qu'il doit parcourir pour arriver à la perfection et à la suprême félicité. Souvent les choses ne nous paraissent contradictoires que faute d'en avoir sondé le sens intime.

Rêves : effet de l'émancipation de l'âme pendant le sommeil. Quand les sens sont engourdis, les liens qui unissent le corps et l'âme se relâchent ; celle-ci, devenue plus libre, recouvre en partie ses facultés d'Esprit et entre plus facilement en communication avec les êtres du monde incorporel. Le souvenir qu'elle conserve au réveil de ce qu'elle a vu dans d'autres lieux et dans d'autres mondes, ou dans ses existences passées, constitue le rêve proprement dit. Ce souvenir n'étant que partiel, presque toujours incomplet et mêlé aux souvenirs de la veille, il en résulte, dans la suite des faits, des solutions de continuité qui en rompent la liaison et produisent ces ensembles bizarres qui paraissent n'avoir pas de sens, à peu près comme serait un récit dont on aurait tronqué çà et là des fragments de lignes ou de phrases.

Satan (de l'hébreu *chaitân,* adversaire, ennemi de Dieu) : le chef des démons. Ce mot est synonyme de diable, avec cette différence que ce dernier mot appartient plus que le premier au langage familier. En second lieu, selon l'idée attachée à ce mot, Satan est un être unique : le génie du mal, le rival de Dieu ; diable est un terme plus générique qui s'applique à tous les démons ; il n'y a qu'un Satan, il y a plusieurs diables. Selon la doctrine spirite, Satan n'est point un être distinct ; car Dieu n'a point de rival qui puisse lutter avec lui de puissance à puissance ; c'est la personnification allégorique du mal et de tous les mauvais Esprits. (Voy. *Diable, Démon*).

SÉMATOLOGIE (du gr. *sema, semalo,* signe, et *logos,* discours) ; transmission de la pensée des Esprits au moyen de signes, tels que les coups frappés, le mouvement des objets, etc. (Voy. *Typtologie*).

SÉRAPHIN. (Voy. *Anges*).

SIBYLLES (du gr. éolien *sios,* employé pour *théos,* Dieu, et de *léoulî,* conseil ; conseil divin) : prophétesses qui rendaient des oracles et que les Anciens croyaient inspirées par la Divinité. En faisant la part du charlatanisme et du prestige dont les entouraient ceux qui les exploitaient, on reconnaît dans les sibylles et les pythonisses toutes les facultés des somnambules, des extatiques et de certains médiums.

SOMNAMBULISME (du lat. *somnus,* sommeil, et *ambulare,* marcher, se promener), état d'émancipation de l'âme plus complet que dans le rêve (Voy. *Rêve*).

Le rêve est un somnambulisme imparfait. Dans le somnambulisme la lucidité de l'âme, c'est-à-dire la faculté de voir, qui est un des attributs de sa nature, est plus développée ; elle voit les choses avec plus de précision et de netteté ; le corps peut agir sous l'impulsion de la volonté de l'âme.

L'oubli absolu au moment du réveil est un des signes caractéristiques du vrai somnambulisme, parce que l'indépendance de l'âme et du corps est plus complète que dans le rêve.

Somnambulisme naturel : celui qui est spontané et se produit sans provocation et sans l'influence d'aucun agent extérieur.

Somnambulisme magnétique ou artificiel, celui qui est provoqué par l'action qu'une personne exerce sur une autre au moyen du fluide magnétique qu'elle déverse sur elle.

Sommeil naturel : suspension momentanée de la vie de relation ; engourdissement des sens pendant lequel sont interrompues les relations de l'âme avec le monde extérieur au moyen des organes.

Sommeil magnétique. Le fluide magnétique agissant sur le système nerveux produit chez certaines personnes un effet que l'on a comparé au sommeil naturel, mais qui en diffère essentiellement sous plusieurs rapports. La principale différence consiste en ce que, dans cet état, la pensée est entièrement libre, que l'individu a une parfaite conscience de lui-même, et que le corps peut agir comme dans l'état normal, ce qui tient à ce que la cause physiologique du sommeil magnétique n'est pas la même que celle du sommeil naturel ; mais le sommeil naturel est un état transitoire qui précède toujours le sommeil magnétique ; le passage de l'un à l'autre est un véritable réveil de l'âme. C'est pourquoi ceux que l'on met pour la première fois en somnambulisme magnétique répondent presque toujours *non* à cette question : *Dormez-vous ?* Et, en effet, puisqu'ils voient et pensent librement, pour eux ce n'est pas dormir dans le sens vulgaire du mot.

Somniloquie (du lat. *somnus,* sommeil, et *loqui,* parler) ; état d'émancipation de l'âme intermédiaire entre le rêve et le somnambulisme naturel. Ceux qui parlent en rêvant sont *somniloques.*

Sorciers (du lat. *sors, sortis,* sort), s'est dit primitivement des individus qui sont censés jeter des sorts, et, par extension, de tous ceux à qui l'on attribue un pouvoir surnaturel. Les phénomènes étranges qui se produisent sous l'influence de certains médiums prouvent que le pouvoir attribué aux sorciers repose sur une réalité, mais dont le charlatanisme a abusé comme il abuse de tout. Si dans notre siècle éclairé il y a encore des personnes qui attribuent ces phénomènes au démon, à plus forte raison devait-on le croire dans les temps d'ignorance ; il en est résulté que les individus qui possédaient, *même à leur insu,* quelques-unes des facultés de nos médiums étaient condamnés au feu.

Sphère, mot par lequel certains esprits désignent les différents degrés de l'échelle spirite. Ils disent que l'on est parvenu dans la cinquième ou la sixième sphère, comme d'autres disent dans le cinquième et le sixième ciel. Par la manière dont ils s'expriment, on pourrait croire que la terre est un point central entouré de sphères concentriques dans lesquelles s'accomplissent successivement les différents degrés de perfection ; il en est même qui parlent encore de la sphère du feu, de la sphère des étoiles, etc. Comme les plus simples notions astronomiques suffisent pour montrer l'absurdité d'une pareille théorie, elle ne peut provenir ou que d'une fausse interprétation des termes, ou d'Esprits très arriérés encore imbus des systèmes de Ptolémée et de Tycho-Brahé. Si un homme que vous croyez savant soutient une chose évidemment absurde, vous doutez de son savoir ; il doit en être de même des Esprits ; c'est par l'expérience qu'on apprend à les connaître. Ces expressions sont donc vicieuses, même prises au figuré, parce qu'elles peuvent induire en erreur sur le véritable sens dans lequel on doit entendre la progression des Esprits. (Voy. *Réincarnation*).

SPIRITISME : doctrine fondée sur la croyance à l'existence des Esprits et à leur communication avec les hommes.

Spirite : ce qui a rapport au spiritisme.

Spiritiste : celui qui adopte la doctrine spirite.

SPIRITUALISME : croyance à l'existence d'une âme spirituelle, immatérielle qui conserve son individualité après la mort, abstraction faite de la croyance aux Esprits ; c'est l'opposé du *matérialisme*. (Voy. *Matérialisme, Spiritisme*). Quiconque croit que tout en nous n'est pas matière est *spiritualiste*, mais il ne s'ensuit pas pour cela qu'il admette la doctrine des Esprits. Tout *spiritiste* est nécessairement *spiritualiste,* mais on peut être *spiritualiste* sans être *spiritiste ;* le matérialiste n'est ni l'un ni l'autre. Comme ce sont deux idées essentiellement distinctes, il était nécessaire de les distinguer par des mots différents pour éviter toute équivoque. Pour ceux mêmes qui regardent le spiritisme comme une idée chimérique, il est encore nécessaire de le désigner par un mot spécial ; il en faut pour les idées fausses comme pour les idées vraies, afin de s'entendre.

Stéréotite (du gr. *stéréos,* solide) : qualité des apparitions qui acquièrent les propriétés de la matière résistante et tangible ; se dit par opposition aux apparitions vaporeuses ou éthérées qui sont impalpables. L'apparition stéréotite présente *temporairement* à la vue et au toucher les propriétés d'un corps vivant.

Superstition. Quelque absurde que soit une idée superstitieuse, elle repose presque toujours sur un fait réel, mais que l'ignorance a dénaturé, exagéré ou faussement interprété. Ce serait une erreur de croire que vulgariser la connaissance des manifestations spirites, c'est propager les superstitions. De deux choses l'une : ou ces phénomènes sont une chimère, ou ils sont réels ; dans le premier cas on aurait raison de les combattre ; mais s'ils existent, ainsi que le démontre l'expérience, rien ne les empêchera de se produire. Comme il y aurait puérilité à s'attaquer à des faits positifs, ce qu'il faut combattre, ce ne sont point les faits, mais la fausse interprétation que peut leur donner l'ignorance. Sans doute, dans les siècles reculés, ils ont été la source d'une foule de superstitions, comme tous les phénomènes naturels dont la cause était inconnue ; le progrès des sciences positives fait peu à peu disparaître les unes ; la science spirite, mieux connue, fera disparaître les autres.

Les adversaires du spiritisme s'appuient sur le danger que présentent ces phénomènes pour la raison. Toutes les causes qui peuvent effrayer les imaginations faibles peuvent produire la folie ; ce qu'il faut, avant tout, c'est guérir du mal de la peur ; or le moyen d'y arriver n'est pas d'exagérer le danger, en faisant croire que toutes ces manifestations sont l'œuvre du diable. Ceux qui propagent cette croyance en vue de discréditer la chose, manquent complètement leur but d'abord parce qu'assigner une cause quelconque aux phénomènes spirites, c'est en reconnaître l'existence ; secondement, en voulant persuader que le diable en est le seul agent, on affecte dangereusement le moral de certains individus. Comme on n'empêchera pas les manifestations de se produire, même chez ceux qui ne voudront pas s'en occuper, ils ne verront partout autour d'eux que des diables et des démons, jusque dans les effets les plus simples qu'ils prendront pour des manifestations ; il y a bien là de quoi troubler le cerveau. Accréditer cette crainte, c'est propager le mal de la peur, au lieu de le guérir ; là est le véritable danger ; là est la superstition.

SYLPHES, SYLPHIDES. Selon la mythologie du Moyen Age, les *sylphes* étaient les génies de l'air, comme les gnômes étaient ceux de la terre et les ondines ceux des eaux. On les représentait sous une forme humaine semi-vaporeuse, avec des traits gracieux ; des ailes transparentes étaient l'emblème de la rapidité avec laquelle ils parcourent l'espace ; on leur attribuait le pouvoir de se rendre visibles ou invisibles à volonté ; leur caractère était doux et bienveillant. « Vous ne vous doutez pas de la multitude de sylphes légers que vous avez à vos ordres ; continuellement occupés à recueillir vos pensées, à peine vous prononcez un mot qu'ils s'en emparent et le vont répéter tout autour de vous. Leur légèreté est si grande qu'ils parcourent mille pas en une seconde ; ce sont les sylphes de Paracelse et de Gabalis ». (A. Martin).

La croyance aux sylphes a sa source évidente dans

les manifestations spirites. Ce sont des Esprits d'un ordre inférieur, légers, mais bienveillants.

TÉLÉGRAPHIE HUMAINE : communication à distance entre deux personnes vivantes, qui s'évoquent réciproquement. Cette évocation provoque l'émancipation de l'âme, ou de l'Esprit incarné qui vient se manifester et peut communiquer sa pensée par l'écriture ou tout autre moyen. Les Esprits nous disent que la télégraphie humanisera un jour un moyen usuel de communication, quand les hommes seront plus moraux, moins égoïstes et moins attachés aux choses matérielles ; en attendant elle n'est le privilège que des âmes d'élite.

THAUMATURGE (du gr. *thauma, thaumatos,* merveille, et *ergon*, ouvrage) : faiseur de miracles : saint Grégoire Thaumaturge. Il se dit quelquefois, par dérision, de ceux qui, à tort ou à raison, se flattent d'avoir la puissance de produire des phénomènes en dehors des lois de la nature ; c'est dans ce sens que certaines personnes qualifient Swedenborg de thaumaturge.

TOUT (le) universel, *le grand tout.* Selon l'opinion de certains philosophes, il y a une âme universelle dont chacun de nous possède une parcelle ; à la mort, toutes ces âmes particulières retournent à la source générale sans conserver leur individualité, comme les gouttes de pluie se confondent dans les eaux de l'Océan. Cette source commune est pour eux le *grand tout,* le *tout universel.* Cette doctrine serait tout aussi désespérante que le matérialisme, car, sans individualité après la mort, ce serait absolument comme si l'on n'existait pas. Le spiritisme est la preuve patente du contraire. Mais l'idée du grand tout n'implique pas nécessairement celle de la fusion des êtres en un seul. Un soldat qui retourne à son régiment rentre dans un tout collectif et n'en conserve pas moins son individualité. Il en est de même des âmes qui rentrent dans le monde des Esprits qui pour elles est également un tout collectif : le tout universel. C'est dans ce sens que doit être entendue cette expression dans le langage de certains Esprits.

TRANSMIGRATION. (Voy. *Réincarnation, Métempsychose*).

TYPTOLOGIE (du gr. *typto,* coup, et *logos,* discours) : communication intelligente des Esprits au moyen de coups frappés.

Typtologie par mouvement, lorsque les coups sont frappés par un objet quelconque qui se meut, comme, par exemple, une table qui frappe avec ses pieds par un mouvement de bascule.

Typtologie intime ou *passive,* lorsque les coups se font entendre dans la substance même d'un objet complètement immobile.

Typtologie alphabétique, lorsque les coups frappés désignent les lettres de l'alphabet dont la réunion forme les mots et les phrases. Elle peut être produite par les deux moyens ci-dessus.

La typtologie est un moyen de communication très imparfait en raison de sa lenteur qui ne permet pas des développements aussi étendus que ceux que l'on peut obtenir par la psychographie ou la psychophonie. (Voy. ces mots).

VISION. (Voy. *Apparition*).

VISIONNAIRE : qui croit faussement avoir des visions, des révélations ; au fig. : qui a des idées folles et chimériques (Acad.). Ce mot conviendrait parfaitement pour désigner les personnes douées de la seconde vue, et qui ont des visions réelles, s'il n'était pas consacré de la prendre en mauvaise part. Cependant la nécessité d'un mot spécial pour désigner ces personnes est évidente. (Voy. *Voyant*).

VOYANT, VOYANTE : celui ou celle qui est doué de la seconde vue. Quelques personnes désignent sous ce nom les somnambules magnétiques pour en mieux caractériser la lucidité. Ce mot, dans cette dernière acception, ne vaut guère mieux que celui d'*invisible* donné aux Esprits ; il a l'inconvénient de n'être point spécial à l'état somnambulique. Quand on a un terme pour rendre une idée, il est superflu d'en créer un autre. Il faut garder surtout de détourner les mots de l'acception consacrée.

VUE (seconde) : effet de l'émancipation de l'âme qui se manifeste à l'état de veille ; faculté de voir les choses absentes comme si elles étaient présentes. Ceux qui en sont doués ne voient pas par les yeux, mais par l'âme qui perçoit l'image des objets partout où elle se transporte, et comme par une sorte de mirage. Cette faculté n'est point permanente ; certaines personnes la possèdent à leur insu ; elle leur semble un effet naturel, et produit ce qu'on appelle des visions.

TABLEAU SYNOPTIQUE

DE LA NOMENCLATURE SPIRITE SPÉCIALE

Voyez l'explication et la définition de chacun de ces mots dans le *Vocabulaire spirite*).

DOCTRINE

Spiritisme.
Spiritiste.
Spirite.
Spiritualisme.
Spiritualiste.

ESPRITS

Nature intime des Esprits

Esprit élémentaire.
Périsprit.

Etats des Esprits

Incarnation.
Erraticité.
Pureté absolue.

Echelle spirite, ou différents ordres d'Esprits

1er ordre	1re clas. Purs Esprits.
2e ordre Bons Esprits.	2e — Esprits supérieurs. 3e — Esprits sages. 4e — Esprits savants. 5e — Esprits bienveillants.
3e ordre Esprits imparfaits	6e — Esprits neutres. 7e — Esprits faux savants. 8e — Esprits légers. 9e — Esprits impurs.

ÉMANCIPATION DE L'AME

ou de l'Esprit incarné

Rêve.
Somniloquie.
Somnambulisme naturel.
— artificiel ou magnétique.
Extase.
Vision ou seconde vue.

MANIFESTATIONS SPIRITES

Occultes.
Patentes.
Physiques.
Intelligentes.
Apparentes. { Vaporeuses ou éthérées / Tangibles ou stéréotites
Spontanées.
Provoquées.

COMMUNICATIONS

Communication frivole.
Communication grossière.
Communication sérieuse.
Communication instructive.

Modes de communication

Sématologie.
Typtologie { Par mouvement. / Intime. / Alphabétique.
Psychographie { Directe. / Indirecte.
Pneumatographie.
Pneumatophonie.
Psychophonie.
Télégraphie humaine.

MÉDIUMS

ou Agents des manifestations

Médiums	Naturels. Facultatifs.
Médiums à influences physiques	— moteurs. — typteurs. — à apparitions.
Médiums à influences morales	— écrivains ou psychographes. — pneumatographes. — dessinateurs. — musiciens. — parlants. — voyants. — formateurs. — inspirés. — à pressentiments. — sensitifs ou impressibles.

CHAPITRE PREMIER

ÉCHELLE SPIRITE

De tous les principes fondamentaux de la doctrine spirite, un des plus importants est sans contredit celui qui établit les différents ordres d'Esprits. Au début des manifestations on s'est figuré qu'un être, par cela même qu'il est Esprit, devait avoir la science infuse et la suprême sagesse, et bien des gens se sont crus en possession d'un moyen infaillible de divination ; cette erreur a donné lieu à bien des mécomptes. L'expérience a bientôt fait connaître que le monde invisible est loin de ne renfermer que des Esprits supérieurs ; eux-mêmes nous apprennent qu'ils ne sont égaux ni en savoir ni en moralité, et que leur élévation dépend du degré de perfection auquel ils sont parvenus ; ils ont tracé les caractères distinctifs de ces différents degrés qui constituent ce que nous appelons l'*Echelle spirite*. Dès lors, la diversité et les contradictions de leur langage furent expliquées, et l'on comprit que, parmi les Esprits comme parmi les hommes, pour savoir une chose, il ne faut pas s'adresser au premier venu.

Cette échelle nous donne ainsi la clef d'une foule de phénomènes et d'anomalies apparentes dont il serait difficile, sinon impossible, de se rendre compte sans cela. Elle nous intéresse en outre personnellement, puisque nous appartenons par notre âme au monde spirite dans lequel nous rentrons en quittant la vie corporelle, et qu'elle nous montre ainsi la route à suivre pour arriver à la perfection et au bien suprême.

Au point de vue de la science pratique, elle nous donne le moyen de juger les Esprits qui se présentent dans les manifestations, et d'apprécier le degré de confiance que leur langage doit nous inspirer. Cette étude demande une observation attentive et soutenue ; il faut du temps et de l'expérience pour apprendre à connaître les hommes, il n'en faut pas moins pour apprendre à connaître les Esprits.

L'échelle spirite comprend trois ordres principaux indiqués par les Esprits et parfaitement caractérisés. Comme ces ordres présentent chacun différentes nuances, nous les avons subdivisés en plusieurs classes désignées par le caractère dominant des Esprits qui en font partie. Cette classification, du reste, n'a rien d'absolu ; chaque catégorie n'offre un caractère tranché que dans son ensemble, mais d'un degré à l'autre la nuance s'efface comme dans les règnes de la nature, comme dans les couleurs de l'arc-en-ciel, ou bien encore comme dans les différentes périodes de la vie. De vingt à quarante ans, l'homme éprouve un changement notable ; à vingt ans, c'est un jeune homme ; à quarante, c'est un homme fait ; mais, entre ces deux phases de la vie, il serait impossible d'établir une ligne de démarcation, et de dire où finit l'une et où commence l'autre. Il en est de même entre les degrés de l'échelle spirite. Nous ferons observer, en outre, que les Esprits n'appartiennent pas toujours exclusivement à telle ou telle classe ; leur progrès ne s'accomplissant que graduellement et souvent plus dans un sens que dans un autre, ils peuvent réunir les caractères de plusieurs catégories, ce qu'il est aisé de reconnaître à leur langage et à leurs actes.

Nous commençons l'échelle par les ordres inférieurs, parce que c'est le point de départ des Esprits qui s'élèvent graduellement des derniers rangs aux premiers.

TROISIÈME ORDRE. — ESPRITS IMPARFAITS

Caractères généraux. — Prédominance de la matière sur l'esprit. Propension au mal. Ignorance, orgueil, égoïsme, et toutes les mauvaises passions qui en sont la suite.

Ils ont l'intuition de Dieu, mais ils ne le comprennent pas.

Tous ne sont pas essentiellement mauvais ; chez quelques-uns il y a plus de légèreté, d'inconséquence et de malice que de véritable méchanceté. Les uns ne font ni bien ni mal ; mais par cela seul qu'ils ne font point de bien, ils dénotent leur infériorité. D'autres, au contraire, se plaisent au mal, et sont satisfaits quand ils trouvent l'occasion de le faire. Ils peuvent allier l'intelligence à la méchanceté ou à la malice ; mais quel que soit leur développement intellectuel, leurs idées sont peu élevées et leurs sentiments plus ou moins abjects.

Leurs connaissances sur les choses du monde spirite sont bornées, et le peu qu'ils en savent se confond avec les idées et les préjugés de la vie corporelle. Ils ne peuvent nous en donner que des notions fausses et incomplètes ; mais l'observateur attentif trouve souvent dans leurs communications, même imparfaites, la confirmation des grandes vérités enseignées par les Esprits supérieurs.

Leur caractère se révèle par leur langage. Tout Esprit qui, dans ses communications, trahit une mauvaise pensée, peut être rangé dans le troisième ordre ; par conséquent, toute mauvaise pensée qui nous est suggérée nous vient d'un Esprit de cet ordre.

Ils voient le bonheur des bons, et cette vue est pour eux un tourment incessant, car ils éprouvent toutes les angoisses que peuvent produire l'envie et la jalousie.

Ils concervent le souvenir et la perception des souffrances de la vie corporelle, et cette impression est souvent plus pénible que la réalité. Ils souffrent donc véritablement et des maux qu'ils ont endurés et de ceux qu'ils ont fait endurer aux autres ; et comme ils souffrent longtemps, ils croient souffrir toujours ; Dieu, pour les punir, veut qu'ils le croient ainsi.

On peut les diviser en quatre groupes principaux.

Neuvième classe. ESPRITS IMPURS. — Ils sont enclins au mal et en font l'objet de leurs préoccupations. Comme Esprits, ils donnent des conseils perfides, soufflent la discorde et la défiance, et prennent tous les masques pour mieux tromper. Ils s'attachent aux caractères assez faibles pour céder à leurs suggestions, afin de les pousser à leur perte, satisfaits de pouvoir retarder leur avancement en les faisant succomber dans les épreuves qu'ils subissent.

Dans les manifestations on les reconnaît à leur langage ; la trivialité et la grossièreté des expressions, chez les Esprits comme chez les hommes, est toujours un indice d'infériorité morale, sinon intellectuelle. Leurs communications décèlent la bassesse de leurs inclinations, et s'ils veulent faire prendre le change en parlant d'une manière sensée, ils ne peuvent longtemps soutenir leur rôle et finissent toujours par trahir leur origine.

Certains peuples en ont fait des divinités malfaisantes ; d'autres les désignent sous les noms de démons, mauvais génies, Esprits du mal.

Les êtres vivants qu'ils animent, quand ils sont incarnés, sont enclins à tous les vices qu'engendrent les passions viles et dégradantes : la sensualité, la cruauté, la fourberie, l'hypocrisie, la cupidité, l'envie, l'avarice sordide. Ils font le mal pour le plaisir de le faire, le plus souvent sans motif, et, par haine du bien, ils choisissent presque toujours leurs victimes parmi les honnêtes gens. Ce sont des fléaux pour l'humanité, à quelque rang de la société qu'ils appartiennent, et le vernis de la civilisation ne les garantit pas de l'opprobre et de l'ignominie.

Huitième classe. ESPRITS LÉGERS. — Ils sont ignorants, malins, inconséquents et moqueurs. Ils se mêlent de tout, répondent à tout, sans se soucier de la vérité. Ils se plaisent à causer de petites peines et de petites joies, à faire des tracasseries, à induire malicieusement en erreur par des mystifications et des espiègleries. A cette classe appartiennent les Esprits vulgairement désignés sous les noms de *follets, lutins, gnômes, farfadets.* Ils sont sous la dépendance des Esprits supérieurs, qui les emploient souvent comme nous le faisons des serviteurs et des manœuvres.

Ils paraissent, plus que d'autres, attachés à la

matière, et semblent être les agents principaux des vicissitudes des éléments du globe, soit qu'ils habitent l'air, l'eau, le feu, les corps durs ou les entrailles de la terre. Ils manifestent leur présence par des effets sensibles, tels que les coups, le mouvement et le déplacement anormal des corps solides, l'agitation de l'air, etc., ce qui leur a fait donner le nom d'Esprits frappeurs ou perturbateurs. On reconnaît que ces phénomènes ne sont point dûs à une cause fortuite et naturelle, quand ils ont un caractère intentionnel et intelligent. Tous les Esprits peuvent produire ces phénomènes, mais les Esprits élevés les laissent, en général, dans les attributions des Esprits inférieurs plus aptes aux choses matérielles qu'aux choses intelligentes.

Dans leurs communications avec les hommes, leur langage est quelquefois spirituel et facétieux, mais presque toujours sans profondeur ; ils saisissent les travers et les ridicules qu'ils expriment en traits mordants et satiriques. S'ils empruntent des noms supposés, c'est plus souvent par malice que par méchanceté.

Septième classe. ESPRITS FAUX-SAVANTS. — Leurs connaissances sont assez étendues, mais ils croient savoir plus qu'ils ne savent en réalité. Ayant accompli quelques progrès à divers points de vue, leur langage a un caractère sérieux qui peut donner le change sur leurs capacités et leurs lumières ; mais ce n'est le plus souvent qu'un reflet des préjugés et des idées systématiques de la vie terrestre ; c'est un mélange de quelques vérités à côté des erreurs les plus absurdes au milieu desquelles percent la présomption, l'orgueil, la jalousie et l'entêtement dont ils n'ont pu se dépouiller.

Sixième classe. ESPRITS NEUTRES. — Ils ne sont ni assez bons pour faire le bien, ni assez mauvais pour faire le mal ; ils penchent autant vers l'un que vers l'autre, et ne s'élèvent pas au-dessus de la condition vulgaire de l'humanité, tant pour le moral que pour l'intelligence. Ils tiennent aux choses de ce monde, dont ils regrettent les joies grossières.

SECOND ORDRE. —BONS ESPRITS

Caractères généraux. — Prédominance de l'Esprit sur la matière ; désir du bien. Leurs qualités et leur pouvoir pour faire le bien sont en raison du degré auquel ils sont parvenus : les uns ont la science, les autres la sagesse et la bonté ; les plus avancés réunissent le savoir aux qualités morales. N'étant point encore complètement dématérialisés, ils conservent plus ou moins, selon leur rang, les traces de l'existence corporelle, soit dans la forme du langage, soit dans leurs habitudes où l'on retrouve même quelques-unes de leurs manies, autrement ils seraient Esprits parfaits.

Ils comprennent Dieu et l'infini, et jouissent déjà de la félicité des bons. Ils sont heureux du bien qu'ils font et du mal qu'ils empêchent. L'amour qui les unit est pour eux la source d'un bonheur ineffable que n'altèrent ni l'envie, ni les regrets, ni les remords, ni aucune des mauvaises passions qui font le tourment des Esprits imparfaits, mais tous ont encore des épreuves à subir jusqu'à ce qu'ils aient atteint la perfection absolue.

Comme Esprits, ils suscitent de bonnes pensées, détournent les hommes de la voie du mal, protègent dans la vie ceux qui s'en rendent dignes, et neutralisent l'influence des Esprits imparfaits chez ceux qui ne se complaisent pas à la subir.

Ceux en qui ils sont incarnés sont bons et bienveillants pour leurs semblables ; ils ne sont mus ni par l'orgueil ni par l'égoïsme, ni par l'ambition ; ils n'éprouvent ni haine, ni rancune, ni envie, ni jalousie et font le bien pour le bien.

A cet ordre appartiennent les Esprits désignés dans les croyances vulgaires sous les noms de *bons génies, génies protecteurs, Esprits du bien.* Dans les temps de superstition et d'ignorance on en a fait des divinités bienfaisantes.

On peut également les diviser en quatre groupes principaux.

Cinquième classe. ESPRITS BIENVEILLANTS. — Leur qualité dominante est la bonté ; ils se plaisent à rendre service aux hommes et à les protéger, mais leur savoir est borné : leur progrès s'est plus accompli dans le sens moral que dans le sens intellectuel.

Quatrième classe. ESPRITS SAVANTS. — Ce qui les distingue spécialement, c'est l'étendue de leurs connaissances. Ils se préoccupent moins des questions morales que des questions scientifiques pour lesquelles ils ont plus d'aptitude ; mais ils n'envisagent la science qu'au point de vue de l'utilité, et n'y mêlent aucune des passions qui sont le propre des Esprits imparfaits.

Troisième classe. ESPRITS SAGES. — Les qualités morales de l'ordre le plus élevé forment leur caractère distinctif. Sans avoir des connaissances illimitées, ils sont doués d'une capacité intellectuelle qui leur un jugement sain sur les hommes et sur les choses.

Deuxième classe. Esprits supérieurs. — Ils réunissent la science, la sagesse et la bonté. Leur langage ne respire que la bienveillance ; il est constamment digne, élevé, souvent sublime. Leur supériorité les rend, plus que les autres, aptes à nous donner les notions les plus justes sur les choses du monde incorporel dans les limites de ce qu'il est permis à l'homme de connaître. Ils se communiquent volontiers à ceux qui cherchent la vérité de bonne foi, et dont l'âme est assez dégagée des liens terrestres pour la comprendre ; mais ils s'éloignent de ceux qu'anime la seule curiosité ou que l'influence de la matière détourne de la pratique du bien.

Lorsque, par exception, ils s'incarnent sur la terre, c'est pour y accomplir une mission de progrès, et ils nous offrent alors le type de la perfection à laquelle l'humanité peut aspirer ici-bas.

PREMIER ORDRE. — PURS ESPRITS

Caractères généraux. — Influence de la matière nulle. Supériorité intellectuelle et morale absolue par rapport aux Esprits des autres ordres.

Première classe. Classe unique. — Ils ont parcouru tous les degrés de l'échelle et dépouillé toutes les impuretés de la matière. Ayant atteint la somme de perfection dont est susceptible la créature, ils n'ont plus à subir ni épreuves, ni expiations. N'étant plus sujets à la réincarnation dans des corps périssables, c'est pour eux la vie éternelle qu'ils accomplissent dans le sein de Dieu.

Ils jouissent d'un bonheur inaltérable, parce qu'ils ne sont sujets ni aux besoins, ni aux vicissitudes de la vie matérielle ; mais ce bonheur n'est point celui d'une *oisiveté monotone passée dans une contemplation perpétuelle.* Ils sont les messagers et les ministres de Dieu dont ils exécutent les ordres pour le maintien de l'harmonie universelle. Ils commandent à tous les Esprits qui leur sont inférieurs, les aident à se perfectionner et leur assignent leur mission. Assister les hommes dans leur détresse, les exciter au bien ou à l'expiation des fautes qui les éloignent de la félicité suprême, est pour eux une douce occupation. On les désigne quelquefois sous les noms d'anges, archanges ou séraphins.

Les hommes peuvent entrer en communication avec eux, mais bien présomptueux serait celui qui prétendrait les avoir constamment à ses ordres.

C'est à tort que certaines personnes les désignent sous le nom d'Esprits *increés.* Des Esprits increés seraient de toute éternité, comme Dieu ; ou si, dans l'univers, des êtres pouvaient exister sans la volonté de Dieu, Dieu n'aurait pas la toute-puissance. Des Esprits se sont servis de cette expression, mais non dans ce sens ; ils ont entendu par là des Esprits qui ne seront plus incarnés, et qui, à ce point de vue, ne seront plus créés comme hommes. Le terme est impropre, parce qu'il donne lieu à une fausse interprétation ; c'est là l'inconvénient de s'attacher à la lettre sans scruter la pensée. (Voy. *Ange*).

CHAPITRE II

DES MANIFESTATIONS SPIRITES

Action occulte

Les Esprits agissent souvent à notre insu sur notre pensée ; ils nous sollicitent à faire telle ou telle chose ; nous croyons agir de notre propre mouvement, et nous n'avons fait que céder à une suggestion étrangère.

Il ne faudrait pas en inférer que nous sommes sans initiative, loin de là : l'Esprit incarné a toujours son libre arbitre ; il ne fait, en définitive, que ce qu'il veut, et souvent suit son impulsion personnelle. Pour se rendre compte de la manière dont se passent les choses, il faut se représenter notre âme dégagée de ses liens par l'émancipation, ce qui a toujours lieu pendant le sommeil, qu'il y ait rêve ou non ; toutes les fois qu'il y a engourdissement des sens, et quelquefois même pendant la veille. Elle entre alors en communication avec les autres Esprits, comme quelqu'un qui sortirait de chez soi pour aller chez des voisins (qu'on veuille bien nous passer cette comparaison familière). Il s'établit alors entre eux une sorte de conversation, ou, pour parler plus exactement, un échange de pensées. L'influence de l'Esprit étranger n'est point une contrainte, mais une sorte de conseil qu'il donne à notre âme, conseil qui peut être plus ou moins sage, selon la nature de l'Esprit, et que l'âme est libre de suivre ou de rejeter, mais qu'elle peut mieux apprécier lorsqu'elle n'est plus sous l'empire des idées que suscite la vie de relation ; c'est pourquoi, dit-on, la nuit porte conseil.

Il n'est pas toujours facile de distinguer la pensée suggérée de la pensée personnelle, parce que souvent elles se confondent ; cependant il y a présomption qu'elle nous vient d'une source étrangère quand elle est spontanée, qu'elle surgit en nous comme une inspiration et qu'elle est en opposition avec notre manière de voir. Notre jugement et notre conscience nous font connaître si elle est bonne ou mauvaise.

Manifestations patentes.

Les manifestations patentes diffèrent des manifestations occultes en ce qu'elles sont appréciables à nos sens ; elles constituent, à proprement parler, tous les phénomènes spirites qui se présentent à nous sous des formes variées.

Manifestations physiques.

On nomme ainsi les manifestations qui se bornent à des phénomènes matériels, tels que les bruits, le mouvement et le déplacement des objets. Elles ne comportent, le plus souvent, aucun sens direct ; leur but est d'appeler notre attention sur quelque chose et de nous convaincre de la présence d'une puissance supérieure à l'homme. Pour beaucoup de personnes, ces sortes de manifestations ne sont qu'un objet de curiosité ; pour l'observateur, c'est au moins la révélation d'une force inconnue, digne en tout état d'une étude sérieuse.

Les plus simples effets de ce genre sont les coups frappés sans cause ostensible connue, et le mouvement circulaire d'une table ou d'un objet quelconque avec ou sans l'imposition des mains ; mais ils peuvent acquérir des proportions bien autrement étranges : les coups se font quelquefois entendre de tous les côtés et avec une intensité qui dégénère en véritable tapage ; les meubles sont déplacés, renversés, enlevés du sol ; les objets transportés d'un endroit à un autre à la vue de tout le monde, les rideaux tirés, les couvertures des lits arrachés, les sonnettes agitées. On comprend que lorsque de tels phénomènes se produisent, certaines personnes aient pu leur attribuer une origine diabolique. Une étude attentive a fait justice de cette croyance superstitieuse. Nous y reviendrons plus tard.

Manifestations intelligentes.

Si les phénomènes dont nous venons de parler se fussent bornés à des effets matériels, nul doute qu'on eût pu les attribuer à une cause purement physique, à l'action de quelque fluide dont les propriétés nous sont encore inconnues. Il n'en fut plus de même quand ils donnèrent des signes incontestables d'intelligence ; or, si tout effet a une cause, tout effet intelligent doit avoir une cause intelligente. Il est aisé de reconnaître dans un objet qui s'agite un mouvement simplement mécanique d'un mouvement intentionnel. Si cet objet, par le bruit ou le mouvement, fait un signal, il est évident qu'il y a intervention d'une intelligence. La raison nous disant que ce n'est pas l'objet matériel lui-même qui est intelligent, nous en concluons qu'il est *mû* par une cause intelligente étrangère ; tel est le cas des phénomènes qui nous occupent.

Si les manifestations purement physiques dont nous venons de parler sont de nature à captiver notre intérêt, à plus forte raison lorsqu'elles nous révèlent la présence d'une intelligence occulte, car alors ce n'est plus simplement un corps inerte que l'on a devant soi, mais un être capable de nous comprendre et avec lequel nous pouvons faire un échange de pensées. On conçoit, dès lors, que le mode d'expérimentation doit être tout autre que s'il s'agissait d'un phénomène essentiellement matériel, et que nos procédés de laboratoire sont impuissants pour rendre compte de faits qui appartiennent à l'ordre intellectuel. Il ne peut plus être ici question d'analyses ni de calculs mathématiques des forces ; or, c'est précisément là l'erreur dans laquelle sont tombés la plupart des savants ; ils se sont crus en présence d'un de ces phénomènes que la science reproduit à volonté et sur lequel on peut opérer comme sur un sel ou un gaz ; cela n'ôte rien à leur savoir ; nous disons seulement qu'ils se sont trompés en croyant pouvoir mettre les Esprits dans une cornue, comme l'esprit de vin, et que les phénomènes spirites ne sont pas plus du ressort des sciences exactes que les questions de théologie ou de métaphysique.

Manifestations apparentes

Les manifestations apparentes les plus ordinaires ont lieu dans le sommeil, par les rêves : ce sont les visions. Les rêves n'ont jamais été expliqués science ; elle croit avoir tout dit en les attribu un effet de l'imagination ; mais elle ne nous dit pas ce que c'est que l'imagination, ni comment elle produit ces images si claires et si nettes qui nous apparaissent quelquefois ; c'est expliquer une chose qui n'est pas connue, par une autre qui ne l'est pas davantage ; la question reste donc tout entière. C'est, dit-on, un souvenir des préoccupations de la veille ; mais en admettant même cette solution, qui n'en est pas une, il resterait encore à savoir quel est ce miroir magique qui conserve ainsi l'empreinte des choses ; comment expliquer surtout ces visions de choses réelles que l'on n'a jamais vues à l'état de veille et auxquelles même on n'a jamais pensé ? Le spiritisme seul pouvait nous donner la clef de ce phénomène bizarre qui passe inaperçu à cause de sa vulgarité même, comme toutes les merveilles de la nature que nous foulons sous nos pieds (1). Il ne peut entrer dans notre cadre d'examiner toutes les particularités que peuvent présenter les rêves ; nous nous résumons en disant qu'ils peuvent être : une vision actuelle des choses présentes ou absentes ; une vision rétrospective du passé, et, dans quelques cas exceptionnels, un pressentiment de l'avenir. Ce sont souvent aussi des tableaux allégoriques que des Esprits font passer sous nos yeux pour nous donner d'utiles avertissements et de salutaires conseils, si ce sont de bons Esprits, ou pour nous induire en erreur et flatter nos passions, si ce sont des Esprits imparfaits.

(1) Voyez le mot *rêve* dans le vocabulaire.

Les personnes que nous voyons en songe sont donc de véritables visions ; si nous rêvons plus souvent à celles qui préoccupent notre pensée, c'est que la pensée est un mode d'évocation, et que par elle nous appelons à nous l'Esprit de ces personnes, qu'elles soient mortes ou vivantes.

Nous croirions faire injure au bon sens de nos lecteurs en réfutant tout ce qu'il y a d'absurde et de ridicule dans ce qu'on nomme vulgairement l'interprétation des songes.

Les apparitions proprement dites ont lieu à l'état de veille et alors qu'on jouit de la plénitude et de l'entière liberté de ses facultés. C'est sans contredit le genre de manifestation le plus propre à exciter la curiosité, mais c'est aussi le moins facile à obtenir. Les Esprits peuvent se manifester ostensiblement de différentes manières ; quelquefois c'est sous forme de flammes légères ou de lueurs plus ou moins brillantes qui n'ont aucune analogie, ni par leur aspect, ni par les circonstances dans lesquelles elles se produisent, avec les feux follets et d'autres phénomènes physiques dont la cause est parfaitement démontrée. D'autres fois, ils prennent les traits d'une personne connue ou inconnue, sur l'individualité de laquelle on peut se faire illusion selon les idées dont on est imbu. C'est alors une image vaporeuse, éthérée, qui ne rencontre aucun obstacle dans les corps solides. Les faits de ce genre sont nombreux ; mais avant de les attribuer à l'imagination ou à la supercherie, il faut tenir compte des cisconstances dans lesquelles ils se sont produits, de la position et surtout du caractère du narrateur.

Dans certains cas, l'apparition devient tangible, c'est-à-dire qu'elle acquiert momentanément, et sous l'empire de certaines circonstances, les propriétés de la matière solide. Ce n'est plus alors par les yeux qu'on en contacte la réalité, mais par le toucher. Si l'on pouvait attribuer à l'illusion ou à une sorte de fascination l'apparition simplement visuelle, le doute n'est plus permis quand on peut la toucher, la saisir, la palper ; quand elle-même vous saisit et vous étreint (1).

Manifestations spontanées.

La plupart des phénomènes dont nous venons de parler, principalement ceux qui appartiennent au genre des manifestations physiques et apparentes, peuvent se produire spontanément, c'est-à-dire sans que la volonté y ait aucune part. Dans d'autres circonstances, ils peuvent être médiums, douées à cet effet d'un pouvoir spécial.

Les manifestations spontanées ne sont ni rares ni nouvelles ; il y a peu de chronique locale qui ne renferme quelque histoire de ce genre. La peur a sans doute exagéré les faits qui ont dû prendre des proportions gigantesquement ridicules en passant de bouche en bouche ; la superstition aidant, les maisons où ils se sont passés ont été réputées hantées par le diable, et de là tous les contes merveilleux ou terribles de revenants. De son côté, la fourberie n'a pas laissé échapper une si belle occasion d'exploiter la crédulité, et cela souvent au profit d'intérêts personnels. On conçoit, du

(1) Voyez dans la *Revue spirite* des mois de mars, avril et mai 1858, le récit et l'explication des manifestations de ce genre. (Voyez aussi les travaux les plus récents des écrivains spirites et leur très abondante documentation. — N. de l'E.).

reste, l'impression que les faits de ce genre, même réduits à la réalité, peuvent faire sur des caractères faibles et prédisposés par l'éducation aux idées superstitieuses. Le plus sûr moyen de prévenir les inconvénients qu'ils pourraient avoir, puisqu'on ne saurait les empêcher, c'est de faire connaître la vérité. Les choses les plus simples deviennent effrayantes quand la cause en est inconnue ; quand on sera familiarisé avec les Esprits, et que ceux auxquels ils se manifestent ne croiront plus avoir une légion de démons à leurs trousses, ils n'en auront plus peur.

Les manifestations spontanées se produisent très rarement dans les endroits isolés ; c'est presque toujours dans des maisons habitées qu'elles ont lieu, et par le fait de la présence de certaines personnes qui exercent une influence à leur insu ; ces personnes sont de véritables médiums qui s'ignorent eux-mêmes et que nous appelons pour cette raison *médiums naturels ;* ils sont aux autres médiums ce que les somnambules naturels sont aux somnambules magnétiques, et tout aussi curieux à observer ; c'est pourquoi nous engageons les personnes qui s'occupent des phénomènes spirites à recueillir tous les faits de ce genre qui viendront à leur connaissance, mais surtout à en constater avec soin la réalité, pour éviter d'être dupes de l'illusion ou de la fraude, ce qu'elles éviteront par une observation attentive.

On doit se tenir en garde non seulement contre des récits qui peuvent être tout au moins entachés d'exagération, mais contre ses propres impressions, et ne pas attribuer une origine occulte à tout ce que l'on ne comprend pas. Une infinité de causes très simples et très naturelles peuvent produire des effets étranges au premier abord, et ce serait une véritable superstition de voir partout des Esprits occupés à renverser des meubles, briser la vaisselle, susciter enfin les mille et une tracasseries de ménage qu'il est plus rationnel de mettre sur le compte de la maladresse.

Ce qu'il faut faire en pareil cas, c'est chercher la cause, et il y a cent à parier contre un qu'on en découvrira une bien simple là où l'on croyait avoir affaire à quelque Esprit perturbateur. Quand un phénomène inexpliqué se produit, la première pensée que l'on doit avoir, c'est qu'il est dû à une cause matérielle, parce que c'est la plus probable, et n'admettre l'intervention des Esprits qu'à bon escient. Celui, par exemple, qui, sans être approché de personne, recevrait un soufflet ou des coups de bâton sur le dos, comme cela s'est vu, ne saurait douter de la présence d'un être invisible.

De toutes les manifestations spirites, les plus simples et les plus fréquentes sont les bruits et les coups frappés ; c'est ici surtout qu'il faut craindre l'illusion, car une foule de causes naturelles peuvent en produire : le vent qui siffle ou qui agite un objet, un corps que l'on remue soi-même sans s'en apercevoir, un effet acoustique, un animal caché, un insecte, etc., voire même les espiègleries des mauvais plaisants. Les bruits spirites ont d'ailleurs un caractère particulier, tout en affectant un timbre et une intensité très variés, qui les rend aisément reconnaissables et ne permet pas de les confondre avec le craquement du bois qui joue, le pétillement du feu, ou le tic-tac monotone d'une pendule ; ce sont des coups frappés tantôt sourds, faibles et légers ; tantôt clairs, distincts, quelquefois bruyants, qui changent de place et se répètent sans avoir une régularité mécanique. De tous ces moyens de contrôle, le plus efficace, celui qui ne peut laisser de doute sur leur origine, c'est l'obéissance à la volonté. Si les coups se font entendre dans l'endroit désigné ; s'ils répondent à la pensée par leur nombre ou leur intensité, on ne peut méconnaître en eux une cause intelligente ; mais le défaut d'obéissance n'est pas toujours un preuve contraire.

Admettons maintenant que, par une constatation minutieuse, on acquière la certitude que les bruits ou tous autres effets sont des manifestations réelles, est-il rationnel de s'en effrayer ? Non, assurément ; car, dans aucun cas, il ne saurait y avoir le moindre danger ; les personnes auquelles on persuade que c'est le diable peuvent seules en être affectées d'une manière fâcheuse, comme les enfants auxquels on fait peur du loup-garou ou de Croquemitaine. Ces manifestations acquièrent dans certaines circonstances, il faut en convenir, des proportions et une persistance désagréables dont on a le désir bien naturel de se débarrasser. Une explication est nécessaire à ce sujet.

Nous avons dit que les manifestations physiques ont pour but d'appeler notre attention sur quelque chose, et de nous convaincre de la présence d'une puissance supérieure à l'homme. Nous avons dit aussi que les Esprits élevés ne s'occupent pas de ces sortes de manifestations ; ils se servent des Esprits inférieurs pour les produire, comme nous nous servons de serviteurs pour la grosse besogne, et cela dans le but que nous venons d'indiquer. Ce but une fois atteint, la manifestation matérielle cesse, parce qu'elle n'est plus néccesssaire. Un ou deux exemples feront mieux comprendre la chose. Au début de mes études sur le spiritisme, étant un soir occupé d'un travail sur cette matière, des coups se firent entendre autour de moi pendant quatre heures consécutives ; c'était la première fois que pareille chose m'arrivait ; je constatai qu'ils n'avaient aucune cause accidentelle, mais dans le moment je n'en pus savoir davantage. J'avais à cette époque occasion de voir fréquemment un excellent médium écrivain. Dès le lendemain, j'interrogeai l'Esprit qui se communiquait par son intermédiaire sur la cause de ces coups. *C'est,* me fut-il répondu, *ton Esprit familier qui voulait te parler.* — Et que voulait-il me dire ? Rép. Tu peux le lui demander toi-même, car il est là, — Ayant donc interrogé cet Esprit, il se fit connaître sous un nom allégorique (j'ai su depuis, par d'autres Esprits, que c'est celui d'un illustre philosophe de l'antiquité) ; il me signala des erreurs dans mon travail, en m'indiquant *les lignes* où elles se trouvaient ; me donna d'utiles et sages conseils, et ajouta qu'il serait toujours avec moi et viendrait à mon appel toutes les fois que je voudrais l'interroger. Depuis lors, en effet, cet Esprit ne m'a jamais quitté. Il m'a donné maintes preuves d'une grande supériorité, et son intervention *bienveillante* et *efficace* a été manifeste pour moi dans les affaires de la vie matérielle, comme en ce qui touche aux choses métaphysiques. Mais dès notre premier entretien les coups ont cessé. Que voulait-il en effet ? Entrer en communication régulière avec moi ; pour cela il fallait m'avertir ; ce n'est sans doute pas lui en personne qui est venu frapper chez moi, il en avait probablement chargé un émissaire à ses ordres. L'avertissement donné, puis expliqué, les relations régulières établies, les coups devenaient inutiles, c'est pourquoi ils ont cessé. On ne bat plus le tambour pour réveiller les soldats une fois qu'ils sont debout.

Un fait à peu très semblable est arrivé à un de nos amis. Depuis quelque temps sa chambre retentissait de bruits divers qui devenaient très fatigants. L'occasion s'étant présentée d'interroger l'Esprit de son père par un médium écrivain, il sut ce qu'on lui voulait, fit ce qui lui fut recommandé, et depuis lors il n'a plus rien entendu. Il est à remarquer que les personnes qui ont avec les Esprits un moyen régulier et facile de communication ont beaucoup plus rarement des manifestations de ce genre, et cela se conçoit.

Les Esprits qui se manifestent ainsi peuvent également agir pour leur compte personnel. Ce sont souvent des Esprits souffrants qui demandent une assistance morale (Voy. *Prière* dans le Vocabulaire). Lorsqu'ils peuvent traduire leur pensée d'une manière plus intelligible, ils demandent cette assistance selon la forme qui leur était familière de leur vivant, ou qui est dans les idées et les habitudes de ceux auxquels ils s'adressent, car peu importe cette forme, pourvu que l'intention parte du cœur.

En résumé, le moyen de faire cesser des manifestations importunes, c'est de chercher à entrer en communication intelligente avec l'Esprit qui vient nous troubler, afin de savoir qui il est et ce qu'il veut ; son désir satisfait, il nous laisse en repos. C'est comme quelqu'un qui frappe à une porte jusqu'à ce qu'on lui ait ouvert. Mais que faire, dira-t-on, si on n'a pas de médium ? — Que fait un malade qui n'a pas de médecin ? Il s'en passe. — Ici nous avons une autre ressource. Le malade ne peut se faire médecin, mais sur dix personnes, il y en a neuf qui peuvent être médiums écrivains ; c'est donc de chercher à le devenir soi-même si l'on n'en trouve pas parmi les siens. A défaut de médium écrivain on peut encore interroger directement l'Esprit qui frappe, et qui peut vous répondre par le même moyen, c'est-à-dire par des coups de convention. Nous reviendrons sur ce sujet dans les chapitres suivants.

CHAPITRE III

COMMUNICATIONS SPIRITES

Toute manifestation qui révèle une intention ou une volonté est, par cela même, comme nous l'avons dit, intelligente à quelque degré que ce soit. C'est donc une qualification générique qui distingue ces sortes de manifestations de celles qui sont purement matérielles. Lorsque le développement de cette intelligence permet un échange réciproque et suivi de pensées, on obtient des *communications* régulières dont le caractère permet de juger l'Esprit qui se manifeste ; elles seront, selon leur nature et leur objet, *frivoles, grossières, sérieuses ou instructives.* (Voy. l'article *Communication* dans le Vocabulaire). Cette distinction est ici d'une grande importance, car c'est par là que les Esprits nous révèlent leur supériorité ou leur infériorité. On connaît les hommes à leur langage ; il en est de même des Esprits ; or, quiconque est bien pénétré des qualités distinctives de chacune des classes de l'échelle spirite, pourra sans peine assigner à tout Esprit qui se présente le rang qui lui convient, ainsi que le degré d'estime et de confiance qu'il mérite ; si l'expérience ne venait appuyer ce principe, le simple bon sens suffirait pour le démontrer. Nous posons donc comme règle invariable et sans exception, que *le langage des Esprits est toujours en raison du degré de leur élévation.* Celui des Esprits réellement supérieurs est constamment grave, digne, noble ; il est sublime quand le sujet l'exige ; non seulement ils ne disent que de bonnes choses, mais ils les disent en termes qui excluent de la manière la plus absolue toute trivialité ; quelque bonnes que soient ces choses, si elles sont ternies par une seule expression qui sente la bassesse, c'est un signe indubitable d'infériorité, à plus forte raison si l'ensemble de la communication blesse les convenances par sa grossièreté. Le langage décèle toujours son origine, soit par la pensée qu'il traduit, soit par sa forme, et alors même qu'un Esprit voudrait nous donner le change sur sa prétendue supériorité, il suffit de converser quelque temps avec lui pour voir le bout de l'oreille. Le fait suivant s'est maintes fois reproduit dans le cours de nos longues et nombreuses études. Nous nous entretenons avec un Esprit dont le caractère et le langage nous sont connus ; un autre Esprit, plus ou moins élevé, se trouve présent, et *sans qu'on le lui demande,* se mêle à la conversation. Or, avant qu'il ait dit son nom, la différence de style est si patente que chacun se dit à l'instant : ce n'est plus un tel qui parle. On ne jugerait pas autrement parmi les hommes ; il suffit pour cela de les entendre sans les voir. Supposez que dans une pièce contiguë à celle où vous êtes soient plusieurs individus que vous ne connaissez pas et que vous ne pouvez voir ; à leur conservation vous jugerez tout de suite si ce sont des rustres ou des gens de bonne compagnie, des ignorants ou des savants, des malfaiteurs ou des honnêtes gens.

La bonté et la bienveillance sont encore des attributs essentiels des Esprits épurés ; ils sont sans haine ni pour les hommes ni pour les autres Esprits ; ils plaignent les faiblesses, ils critiquent les erreurs, mais toujours avec modération, sans fiel et sans animosité. Voilà pour le moral. Nous pouvons également les juger par la nature de leur intelligence. Un Esprit peut être bon, bienveillant, n'enseigner que le bien et avoir des connaissances bornées, parce que chez lui le développement est encore incomplet. Nous ne parlons pas des Esprits notoirement inférieurs ; à ceux-là ce serait perdre son temps que de demander des explications sur certaines choses ; autant vaudrait demander à un écolier ce qu'il pense d'Aristote ou du système de l'univers. Mais il en est qui, à quelques égards, paraissent éclairés, tandis que sur d'autres questions ils accusent une ignorance absolue par les hérésies scientifiques les plus absurdes. Tel raisonnera très sensément sur un point, qui déraisonnera sur un autre. C'est encore comme parmi nous : un astronome est savant en ce qui concerne les astres, et peut être fort ignorant en architecture, en musique, en peinture, en agriculture, etc. Tout ceci dénote évidemment un développement imparfait, ce qui ne veut pas dire, pour cela, que ce soit un mauvais Esprit.

Pour juger les Esprits, comme pour juger les hommes, il faut d'abord savoir se juger soi-même. Il y a malheureusement beaucoup de gens qui prennent leur opinion personnelle pour mesure exclusive du bon et du mauvais, du vrai et du faux ; tout ce qui contredit leur manière de voir, leurs idées, le système qu'ils ont conçu ou adopté, est mauvais à leurs yeux. De tels gens manquent évidemment de la première qualité pour une saine appréciation : la rectitude du jugement ; mais ils ne s'en doutent pas ; c'est le défaut sur lequel on se fait le plus illusion.

On croit généralement qu'en interrogeant l'Esprit d'un homme qui a été savant dans une spécialité sur la terre, on obtiendra plus sûrement la vérité ; cela est logique, et pourtant n'est pas toujours vrai. L'expérience démontre que les savants, aussi bien que les autres hommes, ceux surtout qui ont quitté la terre depuis peu, sont encore sous l'empire des préjugés de la vie corporelle ; ils ne se défont pas immédiatement de l'esprit de système. Il peut donc se faire que sous l'influence des idées qu'ils ont caressées de leur vivant, et dont ils se sont fait un titre de gloire, ils voient moins clair que nous ne pensons. Nous ne donnons point ce principe comme une règle, tant s'en faut ; nous disons seulement que cela se voit, et que, par conséquent, leur science humaine n'est pas toujours une preuve de leur infaillibilité comme Esprit. Ceux qui, comme cela arrive souvent, condamnent à l'état d'Esprit les doctrines qu'ils avaient soutenues comme hommes, donnent toujours par là une preuve d'élévation. Règle générale : *L'Esprit est d'autant moins parfait qu'il est moins dégagé de la matière.* Toutes les fois donc que l'on reconnaît en lui la persistance des idées fausses qui l'ont préoccupé pendant sa vie, qu'elles appartiennent à l'ordre physique ou à l'ordre moral, c'est un signe infaillible qu'il n'est point complètement dématérialisé.

La ténacité des idées terrestres est d'autant plus grande que la mort est plus récente. A l'instant de la mort, l'âme est *toujours* dans un état de trouble pendant lequel elle se reconnaît à peine ; *c'est un réveil qui n'est pas complet : Je ne sais où je suis ; tout est confus pour moi,* telle est leur réponse constante ; quelques-uns se plaignent d'être dérangés si tôt ; d'autres disent crûment de les laisser tranquilles, et, suivant leur caractère, ils expriment cette pensée en termes plus ou moins urbains. Beaucoup ne croient pas être morts, principalement les suppliciés, les suicidés et, en général, ceux qui ont péri de mort violente ; ils voient leur corps ; ils savent que ce corps leur appartient, et ils ne comprennent pas qu'ils en soient séparés ; cela les étonne ; il leur faut quelque temps pour se rendre compte de leur nouvelle situation. L'évocation ne peut donc être faite à ce moment que comme objet d'études psychologiques, mais ce n'est pas le cas de leur demander des renseignements.

Cet état de confusion, qu'on peut comparer à l'état transitoire du sommeil à la veille, persiste plus ou moins longtemps. Nous en avons vu qui étaient complètement dégagés au bout de trois ou quatre jours, d'autres qui ne l'étaient pas encore après plusieurs mois. On suit avec intérêt leur marche progressive, on assiste en quelque sorte au réveil de l'âme ; les questions qu'on leur adresse, si elles sont faites avec mesure, prudence, circonspection et bienveillance, les aident même à se débrouiller. S'ils souffrent et que l'on compatisse à leur douleur, cela les soulage. Lorsque la mort est naturelle, c'est-à-dire lorsqu'elle arrive par l'extinction graduelle des forces vitales, l'âme est déjà en partie déliée avant la cessation complète de la vie organique, et se reconnaît plus promptement. Il en est de même des hommes, qui, pendant leur vie, se sont élevés par la pensée au-dessus des choses matérielles ; dès ce monde, ils appartiennent en quelque sorte au monde des Esprits ; le passage de l'un à l'autre se fait rapidement et le trouble est de courte durée.

L'âme une fois dégagée *des restes de ses langes corporels* se trouve dans son état normal d'Esprit : c'est alors seulement qu'on peut la juger, parce qu'elle se montre véritablement ce qu'elle est ; ses qualités et ses défauts, ses imperfections, ses préjugés, ses préventions, ses idées fausses, mesquines ou ridicules, persistent sans modification pendant toute la durée de sa vie errante, fût-elle de mille ans ; il lui faut traverser une nouvelle étamine de la vie corporelle pour y laisser quelques-unes de ses impuretés et s'élever de quelques degrés de plus. Nous en avons vu qui, après 200 ans de vie errante, avaient encore les manies et les petitesses qu'on leur connaissait de leur vivant, tandis que d'autres déploient presque immédiatement une grande supériorité.

A propos de l'état de transition que nous venons de décrire, nous avons parlé d'Esprits souffrants. On demandera naturellement si ce moment est douloureux. Il n'entre pas dans notre cadre de traiter la question de la souffrance des Esprits, ni surtout d'examiner la nature de cette souffrance ; cette question trouvera sa place dans la Revue. Nous nous bornerons donc à dire que pour l'homme de bien, pour celui qui s'endort dans la paix d'une conscience pure et ne craint aucun regard scrutateur, le réveil est toujours calme, doux et paisible ; pour celui dont la conscience est chargée de méfaits, pour l'homme matériel qui a mis toutes ses joies dans la satisfaction de son corps, pour celui qui a mésusé des faveurs que la Providence lui avait accordées, il est terrible. Oui, ces Esprits souffrent à l'instant où ils ont quitté la vie ; ils souffrent beaucoup, et cette souffrance peut durer aussi longtemps que leur vie errante ; cette souffrance, pour n'être que morale, n'en est que plus poignante, parce qu'il ne leur est pas toujours donné d'en voir le terme ; ils souffrent jusqu'à ce qu'un rayon d'espoir vienne luire à leurs yeux, et cette espérance, nous pouvons la faire naître en conversant avec eux ; de bonnes paroles, des témoignages de sympathie sont pour eux un soulagement auquel peuvent concourir les bons Esprits que nous appelons à notre aide pour seconder nos intentions. Un suicidé évoqué peu de temps après sa sa mort nous dépeignait ses tortures. Combien cela durera-t-il, lui demande-t-on ? — Je n'en sais rien, et c'est ce qui me désespère. Un esprit supérieur qui était présent dit alors spontanément : « Cela durera jusqu'au terme naturel de la vie qu'il a volontairement interrompue ». — Merci ! dit l'autre, de ce que *celui qui est là* vient de m'apprendre.

Nous terminerons ce chapitre par une remarque essentielle. Le tableau que nous venons de tracer n'est point le résultat d'une théorie, ni d'un système philosophique plus ou moins ingénieux. Tout ce que nous avons dit, nous le tenons des Esprits eux-mêmes ; ce sont eux que nous avons interrogés, et qui nous ont souvent répondu d'une manière contraire à nos convictions premières. Nous avons fait pour les Esprits ce que l'anatomiste fait pour le corps humain, nous avons porté le scalpel de l'investigation sur d'innombrables sujets ; nous ne nous sommes point contenté de les faire parler, nous avons sondé tous les replis de leur existence, autant du moins qu'il peut nous être donné de le faire ; nous les avons suivis depuis l'instant où ils exhalent le dernier soupir de la vie corporelle, jusqu'au moment où ils y rentrent ; nous avons étudié leur langage, leurs mœurs, leurs habitudes, leurs pensées et leurs sentiments, comme le médecin écoute les pulsations d'un malade, et dans cette clinique morale où toutes les phases de la vie spirite ont passé sous nos yeux, nous avons observé et comparé ; nous avons vu d'un côté des plaies hideuses, mais de l'autre, aussi de bien grands sujets de consolation. Encore une fois ce n'est point nous qui avons imaginé toutes ces choses, ce sont les Esprits qui se sont peints par eux-mêmes. Or, pour quiconque veut entrer en rapport avec eux, il importe de les bien connaître, afin d'être à même d'apprécier leur situation et de mieux comprendre leur langage, qui sans cela pourrait quelquefois paraître contradictoire ; c'est pourquoi nous nous sommes un peu longuement étendu sur ce chapitre.

CHAPITRE IV

DIFFÉRENTS MODES DE COMMUNICATION

Les Esprits peuvent se communiquer à nous par différents moyens. Nous les avons définis dans le Vocabulaire ; nous donnerons ici sur chacun les développements nécessaires à la pratique.

Sématologie et Typtologie

On s'est primitivement servi d'une table pour ce moyen de correspondance, uniquement parce que c'est un objet commode par la facilité qu'on a de se placer autour, et que c'est le premier sur lequel on ait produit les mouvements qui ont donné lieu à l'expression burlesque de la danse des tables ; mais il importe de savoir qu'une table n'a pas plus d'influence à cet égard que tout autre objet mobile quelconque. Nous allons prendre le phénomène à son point le plus simple.

Si une personne pose l'extrémité de ses doigts sur le bord d'un objet circulaire, mobile, tel qu'une coupe, un plat, une assiette, un chapeau, un verre, etc., et que, dans cette situation, elle concentre sa volonté sur cet objet pour le faire mouvoir, il pourra arriver que cet objet s'agite d'un mouvement rotatoire, d'abord lent, puis de plus en plus rapide, au point d'avoir de la peine à le suivre. L'objet tournera soit à droite, soit à gauche, selon la direction indiquée par la personne verbalement ou mentalement. La communication fluidique une fois établie entre la personne et l'objet, celle-ci peut produire le mouvement sans contact, en n'agissant que par la pensée. Nous avons dit que cela peut arriver, parce qu'en effet il n'y a pas certitude absolue de réussite. Certaines personnes sont douées à cet égard d'une puissance telle que le mouvement se produit au bout de quelques secondes ; d'autres ne l'obtiennent qu'après cinq ou dix minutes ; d'autres enfin n'obtiennent rien du tout. En dehors de l'expérience il n'y a pas de diagnostic qui puisse faire reconnaître l'aptitude à produire ce phénomène ; la force physique n'y est pour rien : les personnes frêles et délicates obtiennent souvent plus que des hommes vigoureux. C'est un essai que chacun peut faire sans aucun danger, quoiqu'il en résulte parfois une assez grande fatigue musculaire et une sorte d'agitation fébrile.

Si la personne est douée d'une puissance suffisante, elle pourra à elle seule faire tourner une table légère ; quelquefois même agir sur une table lourde et massive ; mais il faut pour cela une puissance exceptionnelle.

Pour opérer plus sûrement sur une table d'un certain poids, on se met plusieurs à l'entour ; le nombre est indifférent ; il n'est point non plus nécessaire d'alterner les sexes, ni d'établir un contact entre les doigts des assistants ; il suffit de poser l'extrémité des doigts sur le bord de la table à plat, soit comme sur les touches d'un piano ; tout cela ne tire à aucune conséquence. Il est, par contre, d'autres conditions essentielles plus difficiles à remplir, c'est la concentration de la pensée de *tout le monde* en vue d'obtenir un mouvement dans un sens ou dans un autre, un recueillement et un silence absolus, et surtout une grande patience. Le mouvement s'opère quelquefois en cinq ou dix minutes, mais il faut souvent se résigner à attendre une demi-heure et plus. Si après une heure, on n'a rien obtenu, il est inutile de continuer.

Nous devons ajouter que certaines personnes sont antipathiques à ce phénomène, et que leur influence négative peut s'exercer par le fait de leur seule présence ; d'autres sont complètement neutres. En général, moins les spectateurs sont nombreux, mieux cela vaut, soit parce qu'il y a moins de chance d'y trouver des antipathies, soit parce que le silence et le recueillement sont plus faciles.

Le phénomène est toujours provoqué par l'effet de l'aptitude spéciale de quelques-unes des personnes agissantes dont la puissance se trouve multipliée par le nombre. Lorsque la puissance est assez grande, la table ne se borne pas à tourner ; elle s'agite, se soulève, se dresse sur un pied, se balance comme un navire, et finit même par se détacher du sol sans point d'appui.

Une chose remarquable, c'est que, quelle que soit l'inclination de la table, les objets qui sont dessus s'y maintiennent, et qu'une lampe même ne court aucun risque. Un fait non moins singulier, c'est qu'étant inclinée, et portant sur un seul pied, elle peut offrir une résistance telle que le poids d'une personne ne suffise pas pour l'abaisser.

Lorsqu'on est arrivé à produire un mouvement énergique, le contact des mains n'est plus nécessaire ; on peut s'écarter de la table, et elle se dirige à droite, à gauche, en avant, en arrière, vers telle personne désignée, se lève sur un pied ou sur un autre, selon le commandement qui lui est adressé.

Jusque-là ces phénomènes n'ont aucun caractère essentiellement intelligent ; ils n'en sont pas pour cela moins curieux à observer, comme produit d'une force inconnue. Ils sont d'ailleurs de nature à convaincre certaines personnes qui ne le seraient pas par des preuves philosophiques. C'est le premier pas dans la science spirite qui nous conduit tout naturellement aux moyens de communication.

Le plus simple de tous ces moyens est, comme chez l'homme privé de la parole ou de l'écriture, le langage des signes. Un Esprit peut communiquer sa pensée par le mouvement d'un objet quelconque. Nous connaissons quelqu'un qui s'entretient avec son Esprit familier, celui d'une personne qu'il a beaucoup affectionnée, au moyen du premier objet venu : une règle, un couteau à papier placés sur son bureau ; il pose ses doigts dessus et après avoir évoqué cet Esprit, la règle se meut à droite ou à gauche pour dire oui ou non selon la convention, indique des nombres, etc. Le même résultat est obtenu avec une table ou un guéridon ; les doigts étant placés sur le bord, que l'on soit seul ou plusieurs, et un Esprit ayant été appelé, s'il est présent et s'il juge à propos de se révéler, la table se lève, s'abaisse, s'agite, et par ses mouvements de droite et de gauche, ou de bascule, elle répond affirmativement ou négativement. Par ses trépignements, elle exprime de la joie, de l'impatience, de la colère même ; quelquefois elle se renverse violemment ou se précipite sur l'un des assistants comme si elle eût été poussée par une main invisible, et dans ce mouvement on reconnaît l'expression d'un sentiment d'affection ou d'antipathie. Un de nos amis était un soir dans son salon occupé de manifestations de ce genre ; il reçoit une lettre ; pendant qu'il la lit, le guéridon s'avance vers lui, s'approche de la lettre, et cela spontanément, sans l'influence de personne. La lecture terminée, il va poser la lettre sur une table à l'autre bout du salon ; le guéridon le suit et va se précipiter sur la lettre. Il en conclut à la présence d'un Esprit nouveau-venu, sympathique à l'auteur de la lettre et qui voulait se communiquer à lui. L'ayant interrogé au moyen de son guéridon, il fut confirmé dans ses prévisions. C'est là ce que nous appelons *sématologie* ou langage des signes.

La *typtologie* ou langage par coups frappés offre plus de précision. On l'obtient par deux modes très différents. Le premier, que nous appelons *typtologie par mouvement,* consiste dans les coups frappés par la table elle-même avec un de ses pieds. Les coups peuvent répondre par oui ou par non, selon le nombre de coups convenu pour exprimer l'un ou l'autre. Les réponses sont, comme on le conçoit, très incomplètes, sujettes à des méprises et peu convaincantes pour les novices, parce qu'on peut toujours les attribuer au hasard.

La *typtologie intime* est produite d'une tout autre manière. Ce n'est plus la table qui frappe ; elle reste complètement immobile, mais les coups retentissent dans la substance même du bois, de la pierre ou de tout autre corps, et souvent avec assez de force pour être entendus d'une pièce voisine. Si l'on applique l'oreille ou la main contre une partie quelconque de la table, on la sent vibrer depuis les pieds jusqu'à la surface. Ce phénomène s'obtient en s'y prenant de la même manière que pour la faire mouvoir, avec cette différence que le mouvement pur et simple peut avoir lieu sans évocation, tandis que, pour les coups, il faut presque toujours faire appel à un Esprit.

On reconnaît dans ces coups l'intervention d'une intelligence, en ce qu'ils obéissent à la pensée. Ainsi, selon le désir exprimé verbalement ou mentalement ils changent de place, se font entendre vers telle ou telle personne désignée, font le tour de la table, frappent fortement ou faiblement, imitent l'écho, le bruit de la scie, du marteau, du tambour, des feux de peloton, battent le rythme d'un air désigné, indiquent l'heure, le nombre des personnes présentes, etc., ou bien ils quittent la table et vont se faire entendre contre la muraille ou contre la porte, à l'endroit convenu ; ils répondent enfin par oui et par non aux questions qu'on leur adresse. Ces expériences sont plutôt un objet de curiosité qu'elles ne comportent des communications sérieuses. Les Esprits qui se manifestent ainsi sont, en général, d'un ordre inférieur. Les Esprits sérieux ne se prêtent pas plus aux tours de force que, chez nous, les hommes graves aux jongleries des saltimbanques. Quand on les interroge à ce sujet, ils répondent par cette question : « Est-ce que, chez vous, ce sont les hommes supérieurs qui font danser les ours ? »

La *typtologie alphabétique* nous offre un moyen de correspondance plus facile et plus complet. Elle consiste dans la désignation des lettres de l'alphabet par un nombre de coups correspondant au rang de chaque lettre, et, de cette manière, on forme des mots et des phrases. Toutefois, ce moyen, par sa lenteur, a le grand inconvénient de ne pas se prêter à des développements d'une certaine étendue. On l'abrège pourtant dans une foule de cas ; il suffit souvent de connaître les premières lettres d'un mot pour en deviner la fin, et alors on ne laisse pas achever ; dans le doute, on demande si c'est le mot que l'on suppose, et l'Esprit répond oui ou non par le signe conventionnel.

La typtologie alphabétique peut s'obtenir par les deux moyens que nous venons d'indiquer : les coups frappés par la table, et ceux qui se font entendre dans la substance d'un corps dur. Pour les communications un peu sérieuses, nous préférons le premier pour deux raisons : l'une c'est qu'il est en quelque sorte plus maniable et dans l'aptitude d'un plus grand nombre de personnes ; l'autre tient à la nature des Esprits. Dans la typtologie intime, les Esprits qui se manifestent sont généralement ceux que l'on appelle frappeurs : Esprits légers, parfois très amusants, mais toujours ignorants. Ils peuvent être les agents d'Esprits sérieux, selon les circonstances, mais ils agissent le plus souvent spontanément et pour leur propre compte ; tandis que l'expérience prouve que les Esprits des autres ordres se communiquent plus volontiers par le mouvement.

En tout état de cause, la typtologie alphabétique est un mode de communication dont les Esprits supérieurs se servent à regret, et seulement faute de mieux ; ils aiment ce qui se prêtent à la rapidité de la pensée, et, à cause de cette lenteur qui les impatiente, *ils abrègent leurs réponses.* Ils trouvent déjà notre langage trop lent, à plus forte raison quand le moyen ajoute à cette lenteur.

Psychographie.

La science spirite a progressé comme toutes les autres, et plus rapidement que les autres ; car quelques années à peine nous séparent de ces moyens primitifs et incomplets qu'on appelait trivialement les tables parlantes, et l'on en est déjà à pouvoir communiquer avec les Esprits aussi facilement et aussi rapidement que les hommes le font entre eux, et cela par les mêmes moyens : l'écriture et la parole. L'écriture a surtout l'avantage d'accuser plus matériellement l'intervention d'une puissance occulte et de laisser des traces que l'on peut conserver, comme nous le faisons pour notre propre correspondance. Le premier moyen employé est celui des planchettes ou des corbeilles munies d'un crayon ; ce sont les Esprits eux-mêmes qui l'ont indiqué. Voici quelle en est la disposition.

Nous avons dit, au commencement de ce chapitre, qu'une personne, douée d'une aptitude spéciale, peut imprimer un mouvement de rotation à un objet quelconque ; prenons, par exemple, une petite corbeille de 15 à 20 centimètres de diamètre (qu'elle soit en bois ou en osier, peu importe, la substance est indifférente). Si maintenant à travers le fond de cette corbeille on fait passer un crayon solidement assujetti, la pointe en dehors et en bas, et qu'on maintienne le tout en équilibre sur la pointe du crayon, placé lui-même sur une feuille de papier, en posant les doigts sur la corbeille, celle-ci prendra son mouvement ; mais au lieu de tourner comme une toupie, elle promènera le crayon en sens divers sur le papier, de manière à former soit des traits insignifiants, soit des caractères d'écriture. Si un Esprit est évoqué, et qu'il veuille se communiquer, il répondra, non plus par oui et par non, mais par des mots et des phrases complètes. Dans cette disposition le crayon, arrivé à l'extrémité de la ligne, ne revient pas sur lui-même pour en commencer une autre ; il continue circulairement, de telle sorte que la ligne d'écriture forme une spirale et qu'il faut retourner plusieurs fois le papier pour lire ce qui est écrit. L'écriture ainsi obtenue n'est pas toujours très lisible, les mots n'étant point séparés ; mais le médium, par une sorte d'intuition, la déchiffre aisément. Par système d'économie, on peut substituer l'ardoise et le crayon d'ardoise au papier et au crayon ordinaire. Nous désignerons cette corbeille sous le nom de *corbeille-toupie.*

Plusieurs autres dispositions ont été imaginées pour atteindre le même but. La plus commode est celle que nous appellerons *corbeille à bec,* et qui consiste à adapter sur la corbeille une tige de bois inclinée, faisant saillie de 10 à 15 centimètres d'un côté, dans la position du mât de beaupré d'un navire. Par un trou pratiqué à l'extrémité de cette tige, ou du bec, on fait passer un crayon assez long pour que la pointe repose sur le papier. Le médium ayant les doigts sur la corbeille, tout l'appareil s'agite et le crayon écrit comme dans le cas ci-dessus, avec cette différence que l'écriture est, en général, plus lisible, les mots séparés, et que les lignes ne sont plus en spirale, mais se suivent comme dans l'écriture ordinaire, le crayon se transportant de lui-même d'une ligne à l'autre. On obtient ainsi des dissertations de plusieurs pages, aussi rapidement que si l'on écrivait avec la main.

L'intelligence qui agit se manifeste souvent par d'autres signes non équivoques. Arrivé à la fin de la page, le crayon fait spontanément un mouvement pour la retourner ; veut-il se reporter à un passage précédent, dans la même page ou dans une autre, il le cherche avec la pointe du crayon, comme on le ferait avec les yeux, puis le souligne. L'Esprit veut-il enfin s'adresser à l'un des assistants, le bout de la tige de bois se dirige vers lui. Pour abréger, il exprime souvent les mots *oui* et *non* par les signes d'affirmation et de négation que nous faisons avec la tête. De tous les procédés employés, c'est celui qui donne l'écriture la plus variée, selon l'Esprit qui se manifeste, et souvent une écriture conforme à celle qu'il avait de son vivant, s'il a quitté la terre depuis peu.

Au lieu de corbeille, quelques personnes se servent d'une sorte de petite table faite exprès de 12 à 15 centimètres de long sur 5 à 6 de hauteur, à trois pieds, dont l'un porte le crayon. D'autres se servent simplement d'une planchette sans pieds ; sur l'un des bords est un trou pour mettre le crayon ; placée pour écrire, elle se trouve inclinée et s'appuie par un de ses côtés sur le papier. On conçoit, du reste, que toutes les dispositions n'ont rien d'absolu ; la plus commode est la meilleure.

Avec tous ces appareils, il faut presque toujours être deux ; mais il n'est pas nécessaire que la seconde personne soit douée de la faculté médiatrice : elle sert uniquement à maintenir l'équilibre et à diminuer la fatigue du médium.

Nous appelons psychographie indirecte l'écriture ainsi obtenue, opposition à la psychographie directe ou écriture obtenue par la main même du médium. Pour comprendre ce dernier procédé, il faut se rendre compte de ce qui se passe dans cette opération. L'Esprit étranger qui se communique agit sur le médium ; celui-ci, sous cette influence, dirige *machinalement* son bras et sa main pour écrire, sans avoir (c'est du moins le cas le plus ordinaire) la moindre conscience de ce qu'il écrit ; la main agit sur la corbeille, et la corbeille sur le crayon. Ainsi *ce n'est point la corbeille qui devient intelligente ;* c'est un instrument dirigé par une intelligence ; ce n'est, en réalité, qu'un porte-crayon, un appendice de la main, un intermédiaire inerte entre la main et le crayon ; supprimez cet intermédiaire, et placez le crayon dans la main, vous aurez le même résultat, avec un mécanisme beaucoup plus simple, puisque le médium écrit comme il le fait dans les conditions normales ; ainsi toute personne qui écrit à l'aide d'une corbeille, planchette ou autre objet, peut écrire directement. De tous les moyens de communication, c'est, sans contredit, le plus simple, le plus facile et le plus commode, parce qu'il n'exige aucune préparation et qu'il se prête, comme l'écriture courante, aux développements les plus étendus. Nous y reviendrons en parlant des médiums.

La pneumatographie est l'écriture directe des Esprits. Lorsque ce phénomène parut pour la première fois (du moins de notre temps ; car rien ne prouve qu'il ne fût connu dans l'antiquité et le Moyen

Age, comme tous les autres genres de manifestations), il excita des doutes bien naturels ; mais aujourd'hui c'est un fait acquis. Quelqu'un très digne de foi nous a affirmé qu'un chanoine de ses parents, de concert avec l'abbé Faria, obtenait ce genre d'écriture, à Paris, dès l'année 1804. M. le baron de Guldenstube vient de publier sur ce sujet un ouvrage très intéressant, accompagné de nombreux autographes de cette écriture. C'est en quelque sorte lui qui l'a mise en évidence, et beaucoup d'autres personnes, d'après lui, ont obtenu les mêmes résultats. On a d'abord placé une feuille de papier et un crayon sur le tombeau, sous la statue ou le portrait d'un personnage quelconque, et le lendemain, souvent quelques heures après, sur le papier se trouvait inscrit un nom, une sentence, quelquefois des signes inintelligibles. Il est évident que ni le tombeau, ni la statue, ni le portrait n'avaient d'influence par eux-mêmes ; c'était simplement un moyen d'évocation par la pensée. Maintenant on se contente de mettre le papier, avec ou sans crayon, dans un tiroir ou dans une boîte qu'on peut fermer à clef, en prenant toutes les précautions nécessaires pour éviter toute supercherie, et l'on obtient le même résultat en évoquant l'Esprit.

Ce phénomène est sans contredit l'un des plus extraordinaires que présentent les manifestations spirites, et l'un de ceux qui attestent d'une manière péremptoire l'intervention d'une intelligence occulte ; mais il ne saurait remplacer la psychographie (jusqu'à présent du moins) pour les développements que comportent certains sujets. On obtient bien ainsi l'expression d'une pensée spontanée, mais il nous semble se prêter difficilement aux entretiens et à l'échange rapide des idées que comporte l'autre moyen. Ce mode est d'ailleurs d'une obtention plus rare, tandis que les médiums écrivains sont très nombreux.

Au premier abord il paraît difficile de se rendre compte d'un fait aussi anormal. Il ne peut entrer dans notre plan de la développer ici, parce qu'il faudrait pour cela remonter à la source d'autres phénomènes dont il est la conséquence. On en trouvera l'explication complète dans la *Revue spirite,* et l'on verra que, par une déduction logique, on y arrive comme à un résultat tout naturel.

Les Esprits nous transmettent enfin leur pensée par la voix de certains médiums doués à cet effet d'une faculté spéciale ; c'est ce que nous appelons *psychophonie.* Ce moyen a tous les avantages de la psychographie pour la rapidité et l'étendue des développements. Il plaît beaucoup aux Esprits supérieurs, mais il a peut-être, pour les personnes qui doutent, l'inconvénient de ne pas accuser d'une manière assez évidente l'intervention d'une intelligence étrangère. Il convient surtout à ceux qui, déjà suffisamment édifiés sur la réalité des faits, s'en servent pour le complément de leurs études et n'ont pas besoin d'accroître leur conviction.

Nous venons d'esquisser les différents moyens de communication directe avec les Esprits ; nous les avons désignés par des noms caractéristiques qui en embrassent toutes les variétés et même toutes les nuances, et permettent ainsi de mieux s'entendre qu'avec des périphrases qui n'ont rien de fixe ni de méthodique. Au début des manifestations, alors qu'on avait à ce sujet des idées moins précises, plusieurs écrits ont été publiés avec cette désignation :

Communications d'une corbeille, par une planchette, par les tables parlantes, etc. On comprend aujourd'hui tout ce que ces expressions ont d'insuffisant ou d'erroné, abstraction faite de leur caractère peu sérieux. En effet, comme nous venons de le voir, les tables, planchettes et corbeilles ne sont que des instruments inertes qui ne peuvent rien communiquer par eux-mêmes ; c'est ici prendre l'effet pour la cause, l'instrument pour le principe ; autant vaudrait pour un auteur mettre sur le titre de son ouvrage qu'il l'a écrit avec une plume métallique ou une plume d'oie. Ces instruments d'ailleurs ne sont point absolus ; nous connaissons quelqu'un qui, au lieu de la *corbeille-toupie* que nous avons décrite, se servait d'un entonnoir au goulot duquel il passait le crayon. On aurait donc pu avoir les communications d'un entonnoir, et tout aussi bien celles d'une casserole ou d'un saladier. Si elles ont lieu au moyen de coups, et que ces coups soient frappés par une chaise ou un bâton, ce n'est plus une table parlante, mais une chaise ou un bâton parlant. Ce qu'il importe de connaître, ce n'est pas la nature de l'instrument, mais le mode d'obtention. Si la communication a lieu par l'écriture, que le porte-crayon soit tout ce que l'on voudra, c'est pour nous de la psychographie ; si c'est par les coups, c'est de la typtologie. Le spiritisme prenant les proportions d'une science, il lui faut un langage scientifique.

CHAPITRE V

DES MÉDIUMS

Toute personne qui ressent à un degré quelconque l'influence des Esprits est, par cela même, médium. Cette faculté est inhérente à l'homme, et par conséquent n'est point un privilège exclusif ; aussi en est-il peu chez lesquels on n'en trouve quelques rudiments. On peut donc dire que tout le monde, à peu de chose près, est médium ; toutefois, dans l'usage, cette qualification ne s'applique qu'à ceux chez lesquels la faculté médiatrice est nettement caractérisée, et se traduit par des effets patents d'une certaine intensité, ce qui dépend alors d'une organisation plus ou moins sensitive. Il est en outre à remarquer que cette faculté ne se révèle pas chez tous de la même manière ; les médiums ont généralement une aptitude spéciale pour tel ou tel ordre de phénomènes, ce qui en fait autant de variétés qu'il y a de sortes de manifestations. (Voy. *Médium* dans le Vocab.). Nous allons entrer dans quelques détails sur celles qui peuvent donner lieu à des remarques essentielles.

Médiums à influence physique.
Médiums naturels et Médiums facultatifs.

Les médiums à l'influence physique sont ceux qui ont une aptitude plus spéciale pour la production des phénomènes matériels. C'est dans cette classe que l'on rencontre principalement les *médiums naturels,* ceux dont l'influence s'exerce à leur insu. Ils n'ont aucune conscience de leur pouvoir et souvent ce qui se passe d'anormal autour d'eux ne leur semble nullement extraordinaire ; cela fait partie d'eux-mêmes, absolument comme les personnes douées de la seconde vue et qui ne s'en doutent pas. Ces sujets sont très dignes d'observation, et l'on ne doit pas négliger de recueillir et d'étudier les faits de ce genre qui peuvent venir à notre connaissance ; ils se manifestent à tout âge, et souvent chez de très jeunes enfants.

Cette faculté n'est point, par elle-même, l'indice d'un état pathologique, car elle n'est pas incompatible avec une santé parfaite. Si celui qui la possède est souffrant, cela tient à une cause étrangère ; aussi les moyens thérapeutiques sont-ils impuissants pour la faire cesser. Elle peut, dans certains cas, être consécutive d'une certaine faiblesse organique, mais elle n'est jamais cause efficiente. On ne saurait donc raisonnablement en concevoir aucune inquiétude au point de vue hygiénique ; elle ne pourrait avoir d'inconvénient que si le sujet, devenu médium facultatif, en faisait un usage abusif, parce qu'alors il y aurait chez lui émission trop abondante de fluide vital, et, par suite, affaiblissement des organes.

Il faut se garder surtout d'*aucune expérimentation physique,* toujours nuisible aux organisations sensitives, car là est le danger : il pourrait en résulter de graves désordres dans l'économie. La raison se révolte à l'idée des tortures morales et corporelles auxquelles on a quelquefois soumis des êtres faibles et délicats en vue de s'assurer s'il n'y avait pas supercherie de leur part ; faire de telles épreuves, c'est jouer avec la vie. L'observateur de bonne foi n'a pas besoin de l'emploi de ces moyens ; celui qui est familiarisé avec ces sortes de phénomènes sait d'ailleurs qu'ils appartiennent plus à l'ordre moral qu'à l'ordre physique, et qu'on en chercherait vainement la solution dans nos sciences exactes.

Par cela même que ces phénomènes tiennent à l'ordre moral, on doit éviter avec un soin non moins scrupuleux tout ce qui peut surexciter l'imagination. On sait les accidents que peut occasionner la peur, et l'on serait moins imprudent si l'on connaissait tous les cas de folie et d'épilepsie qui ont leur source dans les contes de Loups-garous et de Croquemitaine ; que sera-ce donc si l'on persuade que c'est le diable ! Ceux qui accréditent de telles idées ne savent pas la responsabilité qu'ils assument : ils peuvent tuer. Or, le danger n'est pas pour le sujet seul, il est aussi pour ceux qui l'entourent et qui peuvent être effrayés par la pensée que leur maison est un repaire de démons. C'est cette croyance funeste qui a causé tant d'actes d'atrocité dans les temps d'ignorance. Avec un peu plus de discernement cependant, on aurait dû songer qu'en brûlant le corps censément possédé du diable, on ne brûlait pas le diable. Puisqu'on voulait se défaire du diable, c'est lui qu'il fallait tuer ; la doctrine spirite, en nous éclairant sur la véritable cause de tous ces phénomènes, lui donne le coup de grâce. Loin donc de faire naître cette pensée, on doit, et c'est un devoir de moralité et d'humanité, la combattre si elle existe.

Ce qu'il faut faire quand une faculté semblable se

développe spontanément chez un individu, c'est de laisser le phénomène suivre son cours naturel : la nature est plus prudente que les hommes ; la Providence, d'ailleurs, a ses vues, et, le plus petit peut être l'instrument des plus grands desseins. Mais, il faut en convenir, ce phénomène acquiert quelquefois des proportions fatigantes et importunes pour tout le monde ; or, voici dans tous les cas ce qu'il faut faire (1). En partant de ce principe que les manifestations physiques spontanées ont pour but d'appeler notre attention sur quelque chose, il faut chercher à connaître ce but, et pour cela il faut interroger l'Etre invisible qui veut se communiquer. Nous avons donné à ce sujet une explication dans le chapitre des manifestations. Il peut vouloir quelque chose pour lui-même ou pour la personne par laquelle il se manifeste ; dans l'un et l'autre cas il est probable, comme nous l'avons

(1) Un des faits les plus extraordinaires de cette nature, par la variété et l'étrangeté des phénomènes, est sans contredit celui qui eut lieu, en 1852, dans le Palatinat (Bavière Rhénane), à Bergzabern, près de Wissembourg. Il est d'autant plus remarquable qu'il réunit à peu près, et chez le même sujet, tous les genres de manifestations spontanées : tapage à ébranler la maison, bouleversement des meubles, objets lancés au loin par une main invisible, visions et apparitions, somnambulisme, extase, catalepsie, attraction électrique, cris et sons aériens, instruments jouant sans contact, communications intelligentes, etc. ; et, ce qui n'est pas d'une médiocre importance, la constatation de ces faits, pendant près de deux ans, par d'innombrables témoins oculaires dignes de foi par leur savoir et leur position sociale. Le récit authentique en a été publié, à cette époque, dans plusieurs journaux allemands, et notamment dans une brochure aujourd'hui épuisée et très rare. On trouvera la traduction complète de cette brochure dans la *Revue spirite* de 1858, avec les commentaires et explications nécessaires. C'est, à notre connaissance, la seule publication française qui en ait été faite. Outre l'intérêt saisissant qui se rattache à ces phénomènes, ils sont éminemment instructifs au point de vue de l'étude pratique du spiritisme.

déjà dit, que s'il est satisfait il cessera ses visites. Voici, du reste, un autre moyen fondé, comme le précédent, sur l'observation des faits.

Les Etres invisibles qui révèlent leur présence par des effets sensibles sont en général des Esprits d'un ordre inférieur et que l'on peut dominer par l'ascendant moral ; c'est cet ascendant qu'il faut chercher à acquérir. Loin de se montrer soumis à leurs caprices, il faut leur opposer la volonté et les contraindre d'obéir, ce qui n'empêche pas de condescendre à toutes les demandes justes et légitimes qu'ils pourraient faire. Tout dépend d'ailleurs de la nature de l'Esprit qui se communique ; il peut être inférieur, mais bienveillant et venir avec une bonne intention ; c'est ce dont il faut s'assurer, et ce que l'on reconnaîtra aisément à la nature de ses communications ; mais n'allez pas lui demander s'il est un bon Esprit ; quel qu'il soit, la réponse est certaine ; autant vaudrait demander à un fripon s'il est honnête homme.

Pour obtenir cet ascendant, il faut faire passer le sujet de l'état de *médium naturel* à celui de *médium facultatif*. Il se produit alors un effet analogue à celui qui a lieu dans le somnambulisme. On sait que le somnambulisme naturel cesse généralement quand il est remplacé par le somnambulisme magnétique. On n'arrête point la faculté émancipatrice de l'âme, on lui donne un autre cours. Il en est de même de la faculté médiatrice. A cet effet, au lieu d'entraver les phénomènes, ce à quoi on réussit rarement, et ce qui n'est pas toujours sans danger, il faut exciter le médium à les reproduire à sa volonté en s'imposant à l'Esprit ; par ce moyen il parvient à le maîtriser, et d'un dominateur quelquefois tyrannique, il en fait un être subordonné et souvent très docile. Un fait digne de remarque, et justifié par l'expérience, c'est qu'en pareil cas un enfant a autant et souvent plus d'autorité qu'un adulte, preuve nouvelle, à l'appui de ce point capital de la doctrine, que l'Esprit n'est enfant que par le corps, et qu'il a par lui-même un développement nécessairement antérieur à son incarnation actuelle, développement qui peut lui donner l'ascendant sur des Esprits qui lui sont inférieurs.

Médiums facultatifs.

Les médiums facultatifs sont ceux qui ont la conscience de leur pouvoir et qui produisent des phénomènes spirites par l'acte de leur volonté. Cette faculté, bien qu'inhérente à l'espèce humaine, comme nous l'avons déjà dit, est loin d'exister chez tous au même degré ; mais s'il est peu de personnes chez lesquelles elle soit absolument nulle, celles qui sont aptes à produire les grands effets, tels que la suspension des corps dans l'espace, la translation aérienne et surtout les apparitions, sont plus rares encore. Les effets les plus simples sont ceux de la rotation d'un objet, des coups frappés par le soulèvement de cet objet ou dans sa substance même. Sans attacher une importance capitale à ces phénomènes, nous engageons à ne pas les négliger ; ils peuvent donner lieu à des observations intéressantes, et aider à la conviction (1). Mais il est à remarquer que la faculté de produire des effets maté-

(1) On en trouvera l'explication théorique dans la *Revue spirite*, numéros de mai et juin 1858.

riels existe rarement chez ceux qui ont des moyens plus parfaits de communication, tels que, par exemple, l'écriture ou la parole. Généralement elle diminue dans un sens, à mesure qu'elle se développe dans un autre.

Médiums écrivains ou psychographes.

De tous les moyens de communication, l'écriture est le plus simple, le plus commode, et surtout le plus complet. C'est vers celui-là que doivent tendre tous les efforts, car il permet d'établir avec les Esprits des relations aussi suivies et aussi régulières que celles qui existent entre nous. On doit s'y attacher d'autant plus que c'est celui par lequel les Esprits révèlent le mieux leur nature et le degré de leur perfection ou de leur infériorité. Par la facilité qu'ils ont de s'exprimer, ils nous font connaître leurs pensées intimes et nous mettent ainsi à même de les juger et de les apprécier à leur valeur.

La faculté d'écrire, pour un médium, est, en outre, celle qui est le plus susceptible de se développer par l'exercice. Dans le chapitre des modes de communication, nous avons expliqué les différentes manières d'obtenir l'écriture ; nous avons vu que la corbeille et la planchette ne jouent que le rôle d'appendice de la main : c'est un porte-crayon plus allongé, voilà tout ; on réussirait tout aussi bien en mettant le crayon au bout d'un bâton. Ces appareils ont l'avantage de donner une écriture plus caractérisée que celle obtenue avec la main, mais ils ont l'inconvénient d'exiger presque toujours la coopération d'une personne, ce qui peut être incommode ; c'est pourquoi nous engageons à ıer de préférence à l'écriture immédiate. Le dé est des plus simples ; il consiste tout uniment endre un crayon et du papier et à se mettre dans la po.ition d'une personne qui écrit, sans autre préparation ; mais, pour réussir, plusieurs recommandations sont indispensables.

Comme, en définitive, c'est par l'influence d'un Esprit que l'on écrit, cet Esprit ne viendra pas si on ne l'appelle pas. Il est donc nécessaire d'en évoquer un par la pensée et de le prier, au nom de Dieu, de vouloir bien se communiquer. Il n'y a point ici de formule sacramentelle ; quiconque prétendrait en donner une peut hardiment être taxé de jonglerie : la pensée est tout, la forme n'est rien. Il n'est rien. Il n'est pas moins nécessaire d'en appeler un qui soit sympathique, et cela pour deux raisons : l'une, qu'il viendra plus volontiers s'il nous affectionne ; la seconde, qu'en raison de cette affection il sera plus disposé à seconder nos efforts pour se communiquer à nous ; ce sera donc de préférence un parent ou un ami ; mais il peut arriver que ce parent ou cet ami soit dans une position à ne pouvoir se rendre à notre appel, ou qu'il n'ait pas assez de puissance pour nous faire écrire ; c'est pourquoi il est toujours utile d'y joindre l'évocation de son Esprit familier, quel qu'il soit, sans qu'il soit besoin de savoir son nom, parce que celui-là est toujours avec nous ; alors, de deux choses l'une, ou c'est lui qui répond, ou bien il va chercher l'autre, et, dans tous les cas, il prête son appui.

Une chose négligée par presque tous les commençants, c'est de faire une question ; il est évident que l'Esprit évoqué ne peut répondre si on ne lui demande rien. Il pourrait sans doute dire spontanément quelque chose, comme cela arrive à chaque instant avec les médiums formés ; mais avec celui qui en est à ses débuts, l'Esprit a une première difficulté mécanique à vaincre ; il faut donc la simplifier autant que possible, c'est l'effet que produit une question amenant une réponse précise. On aura soin, pour commencer, de formuler la question de telle manière que la réponse soit simplement *oui* ou *non ;* plus tard, cette précaution devient inutile. La nature de la question n'est pas indifférente ; il n'est pas nécessaire qu'elle ait par elle-même une importance réelle ; au contraire, plus elle est simple, mieux cela vaut ; il ne s'agit au début que d'un rapport à établir ; l'essentiel est qu'elle ne soit pas futile, qu'elle n'ait point trait à des choses d'intérêt privé, et surtout qu'elle soit l'expression d'un sentiment bienveillant et sympathique pour l'Esprit auquel on s'adresse.

Une chose non moins nécessaire, c'est le calme et le recueillement joints à un désir ardent et à une ferme volonté de réussir ; et par la volonté nous n'entendons pas ici une volonté éphémère qui agit par saccade et qui est à chaque minute interrompue par d'autres préoccupations ; mais une volonté patiente, persévérante, soutenue par la prière que l'on adresse à l'Esprit évoqué. Le recueillement est favorisé par la solitude, le silence et l'éloignement de tout ce qui peut causer des distractions. Il ne reste plus alors qu'une chose à faire, c'est d'attendre sans se rebuter, et de renouveler tous les jours ses tentatives pendant dix minutes ou un quart d'heure au plus chaque fois, et cela pendant quinze jours, un mois, deux mois et plus s'il le faut ; c'est pourquoi nous avons dit qu'il fallait une volonté patiente et persévérante ; c'est pourquoi aussi les Esprits consultés sur l'aptitude de telle ou telle personne disent presque toujours : « avec la volonté vous réussirez ». Il est donc possible qu'on réussisse la première fois, comme il est possible aussi qu'il faille attendre plus ou moins longtemps ; mais, dans tous les cas, si au bout de trois mois, on n'obtenait absolument rien, il serait à peu près inutile de continuer.

Il est à remarquer que lorsqu'on interroge les Esprits sur la question de savoir si l'on est ou non médium, ils répondent presque toujours affirmativement, ce qui n'empêche pas les essais d'être souvent infructueux. Ceci s'explique naturellement. On fait à l'Esprit une question générale, il répond d'une manière générale ; or, comme on le sait, rien n'est plus élastique que la faculté médiatrice, puisqu'elle peut se présenter sous les formes les plus variées et à des degrés très différents. On peut donc être médium sans s'en apercevoir et dans un sens qui n'est pas celui auquel on pense. A cette question vague : Suis-je médium ? l'Esprit peut répondre oui ; à cette autre plus précise : Suis-je médium écrivain ? il peut répondre non. Il faut tenir compte aussi de la nature de l'Esprit que l'on interroge ; il y en a de si légers et de si ignorants, qu'ils répondent à tort et à travers, comme de véritables étourdis.

Un moyen qui réussit assez généralement, soit pour activer le résultat, soit même pour faire écrire une personne qui, sans cela, n'y serait pas parvenue, consiste à employer comme auxiliaire momentané un bon médium écrivain ou autre déjà formé. S'il pose sa main ou ses doigts sur la main qui doit écrire, il est rare que celle-ci ne le fasse pas immédiatement ; on comprend ce qui se passe en cette circonstance : la main qui tient le crayon devient en quelque sorte un appendice de la main du médium, comme le serait une corbeille ou une planchette ; mais cela n'empêche pas cet exercice d'être fort utile, quand on peut l'employer, en ce que, souvent et régulièrement répété, il aide à surmonter l'obstacle matériel et provoque le développement de la faculté. Il suffit encore quelquefois de magnétiser fortement le bras et la main de celui qui veut écrire ; souvent même le magnétiseur se borne à poser sa main sur l'épaule, et nous en avons vu écrire promptement sous cette influence. Le même effet peut également se produire sans aucun contact et par le fait seul de la volonté ; dans ce cas, il faut exciter les efforts de l'Esprit en l'encourageant de la voix. On conçoit sans peine que la confiance du magnétiseur en sa propre puissance doit jouer ici un grand rôle, et qu'un magnétiseur incrédule aurait peu, sinon point d'action.

La puissance qui permet de développer chez les autres la faculté d'écrire constitue une variété de médiums que nous appelons *médiums formateurs ;* et ce qui paraîtra peut-être étrange, c'est qu'elle existe chez des personnes qui n'écrivent pas elles-mêmes. Leur concours est souvent utile aux commençants, même à l'égard de ceux qui ont une aptitude naturelle ; il est une foule de petites précautions que l'on néglige trop souvent au détriment de la rapidité des progrès, et qu'un guide expérimenté fait observer, soit pour la disposition matérielle, soit, *surtout*, pour la nature des premières questions et la manière de les poser. Son rôle est celui d'un professeur dont on se passe dès qu'on est assez habile.

La foi chez l'apprenti médium n'est pas une condition de rigueur ; elle seconde les efforts, sans contredit, mais elle n'est pas indispensable ; le désir et la bonne volonté suffisent. On a vu des personnes tout à fait incrédules être étonnées d'écrire malgré elles, tandis que des croyants sincères n'y peuvent parvenir ; ce qui prouve que cette faculté tient à une disposition organique.

Comme disposition matérielle nous recommandons d'éviter tout ce qui peut gêner le libre mouvement de la main ; il est même préférable que celle-ci ne repose pas du tout sur le papier. La pointe du crayon doit appuyer suffisamment pour tracer, mais pas assez pour éprouver de la résistance. Toutes ces précautions deviennent inutiles une fois que l'on est parvenu à écrire couramment, car alors nul obstacle ne saurait l'arrêter : ce ne sont que les préliminaires de l'écolier.

Le premier indice d'une disposition à écrire est une sorte de frémissement dans le bras et dans la main ; peu à peu la main est entraînée par une impulsion qu'elle ne peut maîtriser. Souvent elle ne trace d'abord que des traits insignifiants ; puis les caractères se dessinent de plus en plus nettement et l'écriture finit par acquérir la rapidité de l'écriture courante. Dans tous les cas il faut abandonner la main à son mouvement naturel et n'apporter ni résistance ni propulsion.

L'écriture est quelquefois très lisible, les mots et les lettres parfaitement détachés ; mais avec certains médiums, elle est difficile à déchiffrer pour tout autre que celui qui écrit : il faut en acquérir l'habitude. Elle est assez généralement formé à grands traits ; quelques mots remplissent parfois une page entière ; les Esprits sont peu économes de papier. Lorsqu'un mot ou une phrase est trop peu lisible, on prie l'Esprit de vouloir bien recommencer, ce qu'il fait généralement volontiers. Quand l'écriture est habituellement illisible, même pour le médium, celui-ci parvient toujours à en obtenir une plus correcte par des exercices fréquents et soutenus, *en y apportant une forte volonté,* et en priant avec ardeur l'Esprit d'être plus intelligible. Si l'on tient à conserver les réponses, il est bon de les transcrire immédiatement, ainsi que les questions, pendant qu'on les a dans la mémoire, parce que plus tard cela deviendrait souvent impossible. Certains Esprits, avant de commencer une réponse, font exécuter à la main diverses évolutions et tracent une foule de traits insignifiants ; ils disent que c'est pour se mettre en train, délier la main, ou établir le rapport ; ce sont parfois des emblèmes, des allégories dont ils donnent ensuite l'explication. Ils adoptent souvent des signes conventionnels pour exprimer certaines idées, qui passent en usage dans les réunions habituelles. Pour marquer qu'une question leur déplaît et qu'ils n'y veulent pas répondre, ils feront, par exemple, une longue barre ou quelque chose d'équivalent.

Lorsque l'Esprit a fini ce qu'il avait à dire, ou qu'il ne veut plus répondre, la main reste immobile, et le médium, quelles que soient sa puissance et sa volonté, ne peut obtenir un mot de plus ; c'est signe que l'Esprit est parti. Au contraire, tant que celui-ci n'a pas achevé, le crayon marche sans qu'il soit possible à la main de s'arrêter. Veut-il dire spontanément quelque chose, la main saisit convulsivement le crayon et se met à écrire sans pouvoir s'y opposer.

Telles sont les explications les plus essentielles que nous ayons à donner touchant le développement de la psychographie ; l'expérience fera connaître dans la pratique certains détails qu'il serait inutile de rapporter ici, et pour lesquels on se guidera d'après les principes généraux. Que beaucoup essaient, et l'on ne trouvera presque pas de famille qui n'ait un médium écrivain parmi quelqu'un de ses membres, fût-ce même un enfant.

Quiconque a reçu le don d'écrire avec facilité sous l'influence des Esprits possède une faculté précieuse, car il devient l'interprète entre le monde visible et le monde invisible ; c'est souvent une mission qu'il a reçue pour le bien, mais dont il ne doit point tirer vanité, car cette faculté peut lui être retirée s'il en fait un mauvais emploi, ou même tourner contre lui, en ce sens qu'il écrira de mauvaises choses et n'aura que de mauvais Esprits à sa disposition. Celui qui, malgré ses efforts et sa persévérance, ne parvient pas à la posséder, n'en doit rien conclure de défavorable contre lui-même : c'est que son organisation physique ne s'y prête pas, mais il n'est point déshérité pour cela des communications spirites ; s'il ne les reçoit pas directement, il peut les obtenir tout aussi belles et tout aussi bonnes par un intermédiaire. Il peut d'ailleurs avoir en compensation d'autres facultés non moins utiles. La privation d'un sens est presque toujours compensée par un autre sens plus développé.

CHAPITRE VI

ROLE ET INFLUENCE DU MÉDIUM DANS LES MANIFESTATIONS

Pour comprendre le rôle du médium dans les manifestations, il faut se rendre compte de la manière dont s'opère la transmission de la pensée des Esprits. Nous parlons ici des médiums écrivains.

L'Esprit a, comme nous l'avons dit, une enveloppe semi-matérielle que nous nommons périsprit. Le fluide condensé, pour ainsi dire, autour de l'Esprit pour former cette enveloppe, est l'intermédiaire par lequel il agit sur les corps ; c'est l'agent de sa puissance matérielle, et c'est par lui qu'il produit les phénomènes physiques.

Si l'on examine certains effets qui se produisent dans les mouvements de la table, de la corbeille ou de la planchette qui écrit, on ne peut douter d'une action exercée directement par l'Esprit sur ces objets. La corbeille s'agite parfois avec tant de violence qu'elle échappe des mains du médium ; quelquefois même elle se dirige vers certaines personnes du cercle pour les frapper ; d'autres fois ses mouvements témoignent d'un sentiment affectueux. La même chose a lieu lorsque le crayon est placé dans la main ; souvent il est lancé au loin avec force, ou bien la main, comme la corbeille, s'agite convulsivement et frappe la table avec colère, alors même que le médium est dans le plus grand calme, et s'étonne de n'être pas maître de lui. Disons, en passant, que ces effets dénotent généralement la présence d'Esprits imparfaits ; les Esprits réellement supérieurs sont constamment calmes, dignes et bienveillants ; s'ils ne sont pas écoutés convenablement, ils se retirent, et d'autres prennent leur place. L'Esprit peut donc exprimer directement sa pensée par le mouvement d'un objet dont la main du médium n'est que le point d'appui ; il le peut même sans que cet objet soit en contact avec le médium.

La transmission de la pensée a aussi lieu par l'intermédiaire de l'Esprit du médium, ou mieux de son âme, puisque nous désignons sous ce nom l'Esprit incarné. L'Esprit étranger, dans ce cas, n'agit pas sur la main pour la faire écrire, pas plus que sur la corbeille ; il ne la tient pas, il ne la guide pas ; il agit sur l'âme avec laquelle il s'identifie. L'âme, sous cette impulsion, dirige la main au moyen du fluide qui compose son propre périsprit ; la main dirige la corbeille, et la corbeille dirige le crayon. Remarquons ici, chose importante à savoir, que l'Esprit étranger ne se substitue point à l'âme car il ne saurait la déplacer : il la domine à son insu, il lui imprime sa volonté. Quand nous disons à son insu, nous voulons parler de l'âme agissant extérieurement par les organes du corps ; mais l'âme en tant qu'Esprit, même incarné, peut parfaitement avoir conscience de l'action exercée sur elle par un Esprit étranger. Le rôle de l'âme, en cette circonstance, est quelquefois entièrement passif, et alors le médium n'a nulle conscience de ce qu'il écrit ou de ce qu'il dit, si c'est un médium parlant ; mais quelquefois la passivité n'est pas absolue, alors il en a une conscience plus ou moins vague, quoique sa main soit entraînée par un mouvement machinal et que sa volonté y reste étrangère.

S'il en est ainsi, dira-t-on, rien ne prouve que ce soit plutôt un Esprit étranger qui écrit que celui du médium. C'est ici le cas de relever une erreur partagée par quelques personnes. Nous dirons donc qu'il peut arriver que l'âme du médium se communique comme le ferait un Esprit étranger ; et cela se conçoit aisément. Puisque l'on peut évoquer l'Esprit de personnes vivantes, absentes ou présentes, et que cet Esprit se communique par l'écriture ou la parole du médium, pourquoi l'Esprit incarné dans le médium ne se communiquerait-il pas également ? Les faits prouvent qu'en certaines circonstances il en est ainsi, comme dans le somnambulisme, par exemple. S'ensuit-il de là que la communication faite par l'âme du médium ait moins de valeur ? Nullement. L'Esprit incarné dans le médium peut être plus élevé que certains Esprits étrangers, et dès lors donner de meilleures communications : c'est à nous de juger ; dans ce cas, il parle comme Esprit dégagé de la matière, et non comme homme. La question est de savoir si ce n'est pas toujours l'Esprit du médium qui émet ses propres pensées, ainsi quelques-uns le prétendent. Cette opinion *absolue* est un système qui ne peut avoir sa source que dans une observation incomplète ; aussi est-il toujours dangereux de se faire des théories sur les choses que l'on n'a pas approfondies, ou dont on n'a pu voir qu'une face. Il est sans doute des cas où l'intervention d'un Esprit étranger n'est pas incontestable, mais il suffit qu'en quelques-uns elle soit manifeste pour en conclure qu'un Esprit, autre que celui du médium, peut se communiquer. Or, cette intervention étrangère ne saurait être douteuse quand, par exemple, une personne qui ne sait ni lire ni écrire, écrit néanmoins comme médium ; quand un médium écrit ou parle une langue qu'il ne connaît pas ; quand, enfin, ce qui est le cas le plus ordinaire, il n'a aucune conscience de ce qu'il écrit, que les pensées qu'il exprime sont contraires à sa manière de voir, en dehors de ses connaissances ou hors de la portée de son intelligence. L'expérience donne sur ce dernier fait des preuves si nombreuses et si palpables que le doute n'est plus permis pour quiconque a beaucoup observé et surtout *bien* observé.

Quel que soit donc le mode d'action de l'Esprit étranger pour la production de l'écriture, ou pour l'expression de la pensée par la parole, le médium n'est toujours qu'un instrument, mais un instrument plus ou moins commode. Ceci nous donne lieu de faire une remarque importante qui répondra à cette question naturelle : pourquoi tous les médiums n'écrivent-ils pas dans toutes les langues qui leur sont inconnues ?

L'Esprit étranger comprend sans doute toutes les langues, puisque les langues sont l'expression de la pensée et que l'Esprit comprend par la pensée ; mais pour rendre cette pensée, il faut un instrument : cet instrument est le médium. L'âme du médium qui reçoit la communication étrangère ne peut la transmettre que par les organes de son corps ; or ces organes ne peuvent avoir pour une langue inconnue la flexibilité qu'ils ont pour celle qui leur est familière. Un médium qui ne sait que le français pourra bien, accidentellement, donner une réponse en anglais, par exemple, s'il plaît à l'Esprit de le faire ; mais les Esprits qui trouvent déjà le langage humain trop lent, eu égard à la rapidité de la pensée, puisqu'ils l'abrègent autant qu'ils peuvent, s'impatientent de la résistance mécanique qu'ils éprouvent ; voilà pourquoi ils ne le font pas toujours. C'est aussi la raison pour laquelle un médium novice, qui écrit péniblement et avec lenteur, même dans sa propre langue, n'obtient, en général, que des réponses brèves et sans développement ; aussi les Esprits recommandent-ils de ne faire, par son intermédiaire, que des questions simples. Pour celles d'une haute portée, il faut un médium formé, qui n'offre aucune difficulté mécanique à l'Esprit. Nous ne prendrions pas pour lecteur un écolier qui épelle. Un bon ouvrier n'aime pas à se servir de mauvais outils. Ajoutons une autre considération d'une grande gravité en ce qui concerne les langues étrangères. Les essais de ce genre sont toujours faits dans un but de curiosité et d'expérimentation. Or, rien n'est plus antipathique aux Esprits que les épreuves auxquelles on essaie de les soumettre. Les Esprits supérieurs ne s'y prêtent jamais et quittent dès que l'on veut entrer dans cette voie. Autant ils se complaisent aux choses utiles et sérieuses, autant ils répugnent à s'occuper des choses futiles et sans but. C'est, diront les incrédules, pour nous convaincre, et ce but est utile puisqu'il peut gagner des adeptes à la cause des Esprits. A cela les Esprits répondent : « Notre cause n'a pas besoin de ceux qui ont assez d'orgueil pour se croire indispensables ; nous appelons à nous *ceux que nous voulons,* et ce sont souvent les plus petits et les plus humbles. Jésus a-t-il fait les miracles que lui demandaient les Scribes, et de quels hommes s'est-il servi pour révolutionner le monde ? Si vous voulez vous convaincre, vous avez d'autres moyens que des tours de force ; commencez d'abord par vous soumettre : il n'est pas dans l'ordre que l'écolier impose sa volonté à son maître ».

Il résulte de là qu'à quelques exceptions près, le médium rend la pensée des Esprits par les moyens mécaniques qui sont à sa disposition, et que l'expression de cette pensée peut, et doit même, le plus souvent, se ressentir de l'imperfection de ces moyens ; ainsi l'homme inculte, le paysan, pourra dire les plus belles choses, exprimer les pensées les plus élevées, les plus philosophiques, en parlant comme un paysan ; pour les Esprits, la pensée est tout, la forme n'est rien. Ceci répond à l'objection de certains critiques, au sujet des incorrections de style et d'orthographe qu'on peut avoir à leur reprocher et qui peuvent venir du médium aussi bien que de l'Esprit. Il y a de la futilité à s'attacher à de pareilles choses.

Si le médium, au point de vue de l'exécution, n'est qu'un instrument, il exerce sous un autre rapport une très grande influence. Puisque, pour se communiquer, l'Esprit étranger s'identifie avec celui du médium, cette identification ne peut avoir lieu qu'autant qu'il y a entre eux sympathie, et, si l'on peut dire, affinité. L'âme exerce sur l'Esprit étranger une sorte d'attraction ou de répulsion selon le degré de leur similitude ou de leur dissemblance ; or, les bons ont de l'affinité pour les bons et les mauvais pour les mauvais ; d'où il suit que les qualités morales du médium ont une influence capitale sur la nature des Esprits qui se communiquent par son intermédiaire. S'il est vicieux, les Esprits inférieurs viennent se grouper autour de lui et sont toujours prêts à prendre la place des bons Esprits que l'on a appelés. Les qualités qui attirent les bons Esprits sont : la bonté, la bienveillance, la simplicité du cœur, l'amour du prochain et le détachement des choses matérielles ; les défauts qui les repoussent sont : l'égoïsme, l'envie, la jalousie, la haine, la cupidité, la sensualité et toutes les passions par lesquelles l'homme s'attache à la matière. Un médium par excellence serait donc celui qui, à la facilité d'exécution, joindrait au plus haut degré les qualités morales.

L'influence de l'Esprit du médium peut encore s'exercer d'une autre manière. S'il est hostile à l'Esprit étranger qui se communique, il peut être pour lui un interprète infidèle, altérer ou travestir sa pensée, ou la rendre par des termes impropres. Il en est de même parmi nous lorsqu'on charge un homme de mauvaise foi d'une mission de confiance.

La faculté médiatrice, à quelque degré qu'elle soit portée, ne suffit donc pas pour avoir de bonnes communications ; il faut avant tout, et de condition expresse, un médium sympathique aux bons Esprits. La répulsion de ceux-ci pour les médiums inférieurs au point de vue moral se conçoit aisément. Prenons-nous pour les confidents de nos pensées les gens que nous n'estimons pas ?

Certaines personnes sont vraiment mal partagées sous le rapport des communications ; il en est qui n'en reçoivent ou n'en transmettent d'habitude que de triviales ou grossières pour ne rien dire de plus. Elles doivent le déplorer comme un indice certain de la nature des Esprits qui se groupent autour d'elles, car ce ne sont assurément pas des Esprits supérieurs qui tiennent un pareil langage ; elles ne sauraient donc faire trop d'efforts pour se débarrasser d'acolytes si peu recommandables, à moins qu'elles ne trouvent du charme à ces sortes de conversations ; nous les engageons, dans tous les cas, à éviter d'en faire parade, car cela pourrait donner une idée peu flatteuse des sympathies qu'elles rencontrent dans le monde des Esprits. Nous complèterons ce que nous avons à dire des médiums à mesure que l'exigera la suite de nos instructions.

Maintenant est-il absolument impossible d'avoir de bonnes communications par des médiums imparfaits ? C'est ce que nous verrons dans le chapitre suivant.

CHAPITRE VII

INFLUENCE DU MILIEU SUR LES MANIFESTATIONS

Ce serait une grave erreur de croire qu'il faut être médium pour attirer à soi les êtres du monde invisible. L'espace en est peuplé ; nous en avons sans cesse autour de nous, à nos côtés, qui nous voient, nous observent, se mêlent à nos réunions, qui nous suivent ou nous fuient selon que nous les attirons ou les repoussons. La faculté médiatrice n'est rien pour cela ; elle n'est qu'un moyen de communication. D'après ce que nous avons vu sur les causes de sympathie ou d'antipathie des Esprits, on comprendra aisément que nous devons être entourés de ceux qui ont de l'affinité pour notre propre Esprit selon qu'il est élevé ou dégradé. Considérons maintenant l'état moral de notre globe, et l'on comprendra quel est le genre d'Esprits qui doit dominer parmi les Esprits errants. Si nous prenons chaque peuple en particulier, nous pourrons juger, par le caractère dominant des habitants, par leurs préoccupations, leurs sentiments plus ou moins moraux et *humanitaires,* des ordres d'Esprits qui s'y donnent de préférence rendez-vous. Les Esprits ne sont autre chose que nos âmes dégagées de nos corps, et qui emportent avec elles le reflet de nos qualités et de nos imperfections ; ils sont bons ou mauvais selon ce que nous avons été, à l'exception de ceux qui, ayant laissé au fond de l'alambic terrestre leurs impuretés, se sont élevés au-dessus de la tourbe des Esprits imparfaits. Le monde spirite n'est donc, en réalité, qu'un extrait quintessencié du monde corporel et qui en emporte les bonnes et les mauvaises odeurs.

Partant de ce principe, supposons une réunion d'hommes légers, inconséquents, occupés de leurs plaisirs : quels seront les Esprits qui s'y trouveront de préférence ? Ce ne seront pas assurément des Esprits supérieurs, pas plus que nos savants et nos philosophes n'iraient y passer leur temps. Ainsi, toutes les fois que des hommes s'assemblent, ils ont avec eux une assemblée occulte qui sympathise avec leurs qualités ou leurs travers, et cela *abstraction faite de toute pensée d'évocation.* Admettons maintenant qu'ils aient la possibilité de s'entretenir avec les êtres du monde invisible par un interprète, c'est-à-dire par un médium ; quels sont ceux qui vont répondre à leur appel ? Evidemment ceux qui sont là, tout prêts, et qui ne cherchent qu'une occasion de se communiquer. Si dans une assemblée futile, on appelle un Esprit supérieur, il pourra venir, et même faire entendre quelques paroles raisonnables, comme un bon pasteur vient au milieu de ses brebis égarées ; mais du moment qu'il ne se voit ni compris ni écouté, il s'en va, comme vous le feriez vous-même à sa place, et les autres ont leurs coudées franches.

Il ne suffit pas toujours qu'une assemblée soit sérieuse pour avoir des communications d'un ordre élevé ; il y a des gens qui ne rient jamais et dont le cœur n'en est pas plus pur ; or c'est le cœur surtout qui attire les bons Esprits. Aucune condition morale n'exclut les communications spirites ; mais si l'on est dans de mauvaises conditions, on cause avec ses pareils, qui ne se font pas faute de nous tromper, et souvent caressent nos préjugés.

Pour n'être pas d'un ordre supérieur, un Esprit n'est pas toujours mauvais pour cela ; il n'est souvent que léger. Si vous vous amusez de ses facéties, il s'en donnera à cœur joie, et vous rendrait des points pour le sel des épigrammes qui portent rarement à faux, et sous une forme joviale donnent souvent de piquantes leçons. Ce sont les vaudevillistes du monde spirite, comme les Esprits supérieurs en sont les savants et les philosophes.

On voit par là l'énorme influence du milieu sur la nature des manifestations intelligentes ; mais cette influence ne s'exerce point comme l'ont prétendu quelques personnes, alors qu'on ne connaissait pas encore le monde des Esprits comme on le connaît aujourd'hui, et avant que des expériences plus concluantes ne soient venues éclaircir les doutes. Lorsque des communications concordent avec l'opinion des assistants, ce n'est point parce que cette opinion se réfléchit dans l'Esprit du médium comme dans un miroir, c'est parce que vous avez avec vous des Esprits qui vous sont sympathiques, pour le bien comme pour le mal, et qui abondent dans votre sens ; et ce qui le prouve, c'est que si vous avez la force d'attirer à vous d'autres Esprits que ceux qui vous entourent, ce même médium va vous tenir un langage tout différent, et vous dire les choses les plus éloignées de votre pensée et de vos convictions. En résumé, les conditions du milieu seront d'autant meilleures qu'il y aura plus d'homogénéité bien, plus de sentiments purs et élevés, plus ır sincère de s'instruire sans arrière-pensée.

ıs ce milieu, trois éléments peuvent influencer tour à tour ou simultanément : l'ensemble des assistants par les Esprits qu'ils attirent, le médium par la nature de son propre Esprit qui sert d'interprète, et celui qui interroge. Celui-ci peut, à lui seul, dominer toutes les autres influences, et, nonobstant toutes les conditions défavorables de l'entourage, il peut quelquefois obtenir de grandes choses par son ascendant, si le but qu'il se propose est utile ; les Esprits supérieurs viennent à son appel, et pour lui ; les autres se taisent comme des écoliers devant leurs maîtres.

L'influence du milieu fait comprendre que moins on est nombreux dans les réunions, mieux cela vaut, parce qu'il est plus facile d'obtenir l'homogénéité. Les petits comités intimes sont toujours plus favorables aux belles communications ; cependant on conçoit que si cent personnes réunies sont suffisamment recueillies et attentives, elles obtiendront plus que dix qui seraient distraites et bruyantes. Ce qu'il faut surtout entre les assistants, *c'est une communion de pensée ;* si cette communion est en vue du bien, les bons Esprits viennent facilement et volontiers. On ne saurait donc apporter trop de circonspection dans les éléments nouveaux que l'on introduit dans les réunions ; il y a des gens qui portent le trouble avec eux partout où ils se trouvent. Les plus fâcheux, dans ce cas, ne sont pas les ignorants sur la matière, ni même ceux qui ne croient pas : la conviction ne s'acquiert que par l'expérience, et il y a des gens qui veulent s'éclairer de bonne foi. Ceux surtout dont il faut se préserver sont les gens à système préconçu, les incrédules quand même qui doutent de tout, même de l'évidence ; les orgueilleux qui prétendent avoir seuls la lumière infuse, veulent partout imposer leur opinion, et regardent avec dédain quiconque ne pense pas comme eux. Ne vous laissez pas prendre à leur prétendu désir de s'éclairer ; il en est plus d'un qui serait bien fâché d'être forcé de convenir qu'il s'est trompé ; gardez-vous surtout de ces péroreurs insipides qui veulent toujours avoir le dernier mot : les Esprits n'aiment pas les paroles inutiles.

CHAPITRE VIII

DES RAPPORTS AVEC LES ESPRITS

La manière de se mettre en rapport avec les Esprits n'est pas un des points les moins utiles. Si l'on considère la distance qui sépare les deux extrémités de l'échelle, on concevra sans peine la nécessité de certains ménagements, selon le rang des Esprits et leurs habitudes. Il ne suffit donc pas d'être soi-même dans de bonnes conditions, il faut connaître la marche la plus favorable pour atteindre plus sûrement le but. Nous aurons ainsi à examiner celle qu'il convient de suivre pour les réunions, les évocations, le langage à tenir avec les Esprits, la nature des questions qu'on peut leur adresser.

Des réunions.

Il est entendu que nous supposons à ces réunions un but sérieux. Quant à celles où l'on fait de la chose un objet d'amusement et de curiosité, nous les livrons à elles-mêmes ; libre aux assistants d'y demander la bonne aventure et d'y parler de leurs petits secrets, ils sont assurés d'avance d'en avoir pour leur argent. Nous ferons, toutefois, remarquer que ces réunions frivoles ont un grave inconvénient, c'est que certaines personnes peuvent prendre au sérieux ce qui n'est presque toujours qu'une plaisanterie de la part des Esprits légers qui s'amusent aux dépens de ceux qui les écoutent. Quant à ceux qui n'ont jamais rien vu, ce n'est pas là qu'ils doivent aller prendre leurs premières leçons, ni puiser des convictions ; ils pourraient s'abuser étrangement sur la nature des êtres qui composent le monde spirite, à peu près comme celui qui jugerait tout le peuple d'une grande ville par ses faubourgs.

D'après tout ce que nous avons dit, on conçoit que le silence et le recueillement sont des conditions de premier ordre ; mais ce qui n'est pas moins nécessaire, c'est la régularité des réunions. Dans toutes il y a toujours des Esprits qu'on pourrait appeler des *habitués,* et nous n'entendons pas par là ces Esprits qui se trouvent partout et se mêlent de tout ; ce sont, soit des Esprits familiers, soit ceux que l'on interroge le plus souvent. Il ne faut pas croire que ces Esprits n'ont autre chose à faire que de nous écouter ; ils ont leurs occupations et peuvent d'ailleurs se trouver dans des conditions défavorables pour être évoqués. Quand les réunions ont lieu à jours et heures fixes, ils se disposent en conséquence, et il est rare qu'ils y manquent. Il en est même qui poussent la ponctualité à l'excès ; ils se formalisent d'un quart d'heure de retard, et s'ils s'assignent eux-mêmes le moment d'un entretien, on les appellerait en vain quelques minutes plus tôt. En dehors des heures consacrées, ils peuvent sans doute venir, et ils viennent même volontiers si le but est utile ; mais rien n'est plus nuisible aux bonnes communications que de les appeler à tort et à travers, quand la fantaisie nous en prend, et surtout sans motif sérieux ; comme ils ne sont pas tenus de se soumettre à nos caprices, ils pourraient bien ne pas se déranger, et c'est alors, surtout, que d'autres peuvent prendre leur place et leur nom.

Il n'y a point d'heure cabalistique pour les évocations ; le choix en est donc complètement indifférent ; celles où les occupations temporelles laissent le plus de calme et de loisir sont les meilleures. Les Esprits qui prescriraient pour une chose quelconque les heures de prédilection consacrées aux êtres infernaux par les contes fantastiques seraient, à n'en pas douter, des Esprits mystificateurs. Il en est de même à l'égard des jours auxquels la superstition attache une influence imaginaire.

Rien ne s'opposerait non plus à ce que les réunions fussent journalières ; mais il y aurait un inconvénient à leur trop grande fréquence. Si les Esprits blâment l'attachement exagéré aux choses de ce monde, ils recommandent aussi de ne pas négliger les devoirs que nous impose notre position sociale ; cela fait partie de nos épreuves. Notre propre Esprit, d'ailleurs, a besoin pour la santé du corps de n'être pas constamment tendu vers un même objet, et surtout vers les choses abstraites ; il y apporte plus d'attention quand il n'en est pas fatigué. Les réunions hebdomadaires ou bi-hebdomadaires sont suffisantes ; elles se font avec plus de solennité et de recueillement quand elles ne sont pas trop rapprochées. Nous parlons des séances où l'on s'occupe d'un travail régulier et non de celles qu'un médium commençant consacre aux exercices nécessaires pour se développer ; celles-ci ne sont point, à proprement parler, des séances, ce sont plutôt des leçons qui donneront des résultats d'autant plus prompts qu'elles seront plus multipliées ; mais une fois la faculté développée, il est essentiel de n'en pas faire abus, par les motifs que nous venons de donner. La satisfaction que la possession de cette faculté procure à certains commençants excite chez quelques-uns un enthousiasme qu'il est très important de modérer. Ils doivent songer qu'elle leur est donnée pour le *bien* et non pour satisfaire une vaine curiosité. Quand nous disons le bien, nous entendons celui de leur semblable, et non pas seulement *le leur propre*. Autant un médium qui veut entretenir avec des Esprits des rapports sérieux doit éviter de se prêter à la curiosité des amis ou connaissances qui viendraient l'assaillir de leurs questions oiseuses, autant il se doit de donner un concours empressé et désintéressé quand il s'agit de choses utiles ; agir autrement serait de l'égoïsme, et l'égoïsme est une tare.

Du local.

Il n'y a point non plus de lieux fatidiques pour les communications spirites ; on doit même éviter ceux qui, par leur nature, seraient propres à frapper l'imagination. Les bons Esprits viennent partout où un cœur pur les appelle pour le bien, et les mauvais n'ont de prédilection que là où ils trouvent des sympathies. Les lieux de sépulture ont plus d'influence sur notre pensée que sur les Esprits, et l'expérience démontre que ceux-ci viennent tout aussi bien dans la chambre la plus vulgaire et sans appareil diabolique, que vers leurs tombeaux ou dans les chapelles en ruines, en plein jour qu'au clair de lune.

Si le choix du local est indifférent, il est utile de n'en pas changer sans nécessité. Le fluide vital, dont chaque Esprit errant ou incarné est, en quelque sorte, un foyer rayonne autour de lui par la pensée. On conçoit donc que, dans un local habituel, il doit y avoir une effluve de ce fluide qui y forme, pour ainsi dire, une atmosphère morale avec laquelle les Esprits s'identifient. Un endroit même qui serait exclusivement consacré à ces sortes d'entretien, qui ne serait point, si nous pouvons nous exprimer ainsi, profané par des préoccupations vulgaires, serait encore préférable, car ce serait un véritable sanctuaire d'où les mauvais Esprits seraient exclus, les éléments de l'atmosphère morale y étant moins mélangés que dans un lieu banal.

La disposition matérielle la meilleure est celle qui est la plus commode et qui peut occasionner le moins de dérangement et de distraction. Dans les objets qui servent à la décoration, tout ce qui peut élever la pensée et rappeler le sujet dont on s'occupe est utile ; mais que l'on sache bien que toute disposition ou ornementation qui sent le grimoire est absurde ; nous disons même dangereuse par les idées superstitieuses que cela doit nécessairement entretenir. Nous répétons ici ce que nous avons dit plus haut au sujet des heures : les Esprits qui pourraient recommander des choses de ce genre ou des pratiques mystiques quelconques sont des Esprits inférieurs qui s'amusent de la crédulité, ou qui, peut-être eux-mêmes, sont sous l'empire des idées qu'ils avaient de leur vivant. Nous l'avons dit, et nous ne saurions trop le répéter, pour les Esprits supérieurs la pensée est tout, la forme n'est rien ; c'est par de bonnes pensées qu'on les attire et non par de vaines formules ; ceux qui attachent de l'importance aux choses matérielles prouvent par cela même qu'ils sont encore sous l'influence de la matière. Si, dans un temps, l'évocation était entourée de mystères et de symboles, c'est qu'on voulait se cacher du vulgaire et se donner un prestige aux yeux des ignorants ; aujourd'hui la lumière est faite pour tout le monde, et c'est en vain qu'on voudrait la couvrir d'un boisseau.

Tout ce que nous avons dit des réunions où l'on s'occupe de communications spirites s'applique naturellement aux communications individuelles ; c'est pourquoi nous n'en ferons pas une mention spéciale. Il en sera de même de tout ce qui nous reste à examiner. Nous avons pris pour type les réunions, parce qu'elles renferment des conditions plus complexes dont chacun pourra faire l'application aux cas particuliers. Nous ajouterons même que les réunions, quand elles ont lieu dans de bonnes conditions, ont un avantage en ce que plusieurs personnes unies par une pensée commune ont plus de force pour attirer les bons Esprits qui aiment à se trouver dans un milieu sympathique où ils peuvent répandre la lumière par leur enseignement. Il est pourtant des circonstances où ils préfèrent, et prescrivent même, les communications isolées ; ce qu'il y a de mieux à faire dans ce cas, c'est de se conformer à leur désir.

Des évocations.

Quelques personnes pensent que l'on doit s'abstenir, quand il s'agit surtout d'enseignements généraux, d'évoquer tel ou tel Esprit, et qu'il est préférable d'attendre celui qui veut bien se communiquer. Elles se fondent sur cette opinion qu'en appelant un Esprit déterminé, on n'est pas certain que ce soit lui qui se présente, tandis que celui qui vient spontanément et de son propre mouvement prouve mieux son identité, puisqu'il annonce ainsi le désir qu'il a de s'entretenir avec nous. A notre avis, c'est là une erreur ; premièrement, parce qu'il y a toujours autour de nous des Esprits, le plus souvent de bas étage, qui ne demandent pas mieux que de se communiquer ; en second lieu, et par cette dernière raison même, en n'en appelant aucun en particulier, c'est ouvrir la porte à tous ceux qui veulent entrer. Dans une assemblée, ne donner la parole à personne, c'est la laisser à tout le monde, et l'on sait ce qui en résulte. L'appel direct fait à un Esprit déterminé est un lien entre lui et nous ; nous l'appelons par notre désir et nous opposons ainsi une sorte de barrière aux intrus qui peuvent tout aussi bien nous induire en erreur sur leur identité. Sans un appel direct, un Esprit n'aurait souvent aucun motif de venir à nous, si ce n'est notre Esprit familier. L'expérience, d'ailleurs, prouve qu'en tout état de cause, l'évocation est préférable. Quant à la question identité, nous en parlerons tout à l'heure.

Cette règle, pourtant, n'est point absolue. Dans les réunions régulières, dans celles surtout où l'on s'occupe d'un travail suivi, il y a toujours, comme nous l'avons dit, des Esprits habitués qui se trouvent au rendez-vous sans qu'on les appelle, par cela même qu'en raison de la régularité des séances ils sont prévenus ; ils prennent souvent spontanément la parole escrire ce que l'on doit faire, ou pour déve- un sujet d'entretien, et alors on les reconnaît ent, soit à la forme de leur langage qui est tou- identique, soit à leur écriture, soit à certaines habitudes qui leur sont familières, soit enfin à leurs noms qu'ils indiquent, tantôt en commençant, tantôt en finissant.

Quant aux Esprits étrangers, la manière de les évoquer est des plus simples ; il n'y a point de formule sacramentelle ou mystique ; il suffit de le faire au nom de Dieu dans les termes suivants ou autres équivalents : *Je prie Dieu tout-puissant de permettre à l'Esprit de...* (le désigner avec quelques précisions), *de se communiquer à nous ;* ou bien : *Au nom de Dieu tout-puissant, je prie l'Esprit de... de vouloir bien se communiquer à nous.* S'il peut venir, on obtient généralement pour réponse : *Oui ;* ou : *Je suis là ;* ou bien encore : *Que me veux-tu ?*

On est souvent surpris de la promptitude avec laquelle un Esprit évoqué se présente, même pour la première fois : on dirait qu'il a été prévenu ; c'est, en effet, ce qui a lieu lorsqu'on se préoccupe d'avance de son évocation. Cette préoccupation est une sorte d'évocation anticipée, et comme nous avons toujours nos Esprits familiers ou d'autres qui s'identifient avec notre pensée, ils préparent les voies de telle sorte que, si rien ne s'y oppose, l'Esprit que l'on veut appeler est déjà présent. Dans le cas contraire, c'est l'Esprit familier du médium, ou celui de l'interrogateur ou l'un des habitués qui va le chercher, et pour cela il ne lui faut pas beaucoup de temps. Si l'Esprit évoqué ne peut venir instantanément, le messager (le *mercure,* si l'on veut) assigne un délai, quelquefois de cinq minutes, un quart d'heure, une heure et même plusieurs jours ; lorsqu'il est arrivé, il dit : *Il est là,* et alors on peut commencer les questions qu'on veut lui adresser.

Quand nous disons de faire l'évocation au nom de Dieu, nous entendons que notre recommandation doit être prise au sérieux et non à la légère ; ceux qui n'y verraient qu'une formule sans conséquence feront mieux de s'abstenir.

Esprits que l'on peut évoquer.

On peut évoquer tous les Esprits à quelque degré de l'échelle qu'ils appartiennent : les bons comme les mauvais, ceux qui ont quitté la vie depuis peu, comme ceux qui ont vécu dans les temps les plus reculés, les hommes illustres comme les plus obscurs, nos parents, nos amis, comme ceux qui nous sont indifférents ; mais il n'est pas dit qu'ils veuillent ou puissent toujours se rendre à notre appel ; indépendamment de leur volonté personnelle ou de la permission qui peut leur être refusée par une puissance supérieure, ils peuvent en être empêchés par des motifs qu'il ne nous est pas toujours donné de pénétrer.

Parmi les causes qui peuvent s'opposer à la manifestation d'un Esprit, les unes lui sont personnelles et les autres lui sont étrangères. Il faut placer parmi les premières ses occupations ou les missions qu'il accomplit et dont il ne peut pas se détourner pour céder à nos désirs ; dans ce cas, la visite n'est qu'ajournée.

Il y a encore sa propre situation. Bien que l'état

d'incarnation ne soit pas un obstacle absolu, ce peut être un empêchement à certains moments donnés, surtout quand elle a lieu dans les mondes inférieurs et quand l'Esprit lui-même est peu dématérialisé. Dans les mondes supérieurs, dans ceux où les liens de l'Esprit et de la matière sont très faibles, la manifestation est presque aussi facile que dans l'état errant, et dans tous les cas plus facile que dans ceux où la matière corporelle est plus compacte.

Les causes étrangères tiennent principalement à la nature du médium, à celle de la personne qui évoque, au milieu dans lequel se fait l'évocation, et enfin au but que l'on se propose. Certains médiums reçoivent plus particulièrement des communications de leurs Esprits familiers, qui peuvent être plus ou moins élevés ; d'autres sont aptes à servir d'intermédiaires à tous les Esprits ; cela dépend de la sympathie ou de l'antipathie, de l'attraction ou de la répulsion que l'Esprit personnel du médium exerce sur l'Esprit étranger qui peut le prendre pour interprète avec plaisir ou avec répugnance. Cela dépend encore, abstraction faite des qualités intimes du médium, du développement de la faculté médiatrice. Les Esprits viennent plus volontiers et surtout sont plus explicites avec un médium qui ne leur offre aucun obstacle matériel. Toutes choses égales d'ailleurs quant aux conditions morales, plus un médium a de facilité pour écrire ou pour s'exprimer, plus ses relations avec le monde spirite se généralisent.

Il faut encore tenir compte de la facilité que doit donner l'habitude de communiquer avec tel ou tel Esprit ; avec le temps, l'Esprit étranger s'identifie avec celui du médium, et aussi avec celui qui l'appelle. La question de sympathie à part, il s'établit entre eux des rapports semi-matériels qui rendent les communications plus promptes ; c'est pourquoi un premier entretien n'est pas toujours aussi satisfaisant qu'on pourrait le désirer, et c'est aussi pourquoi les Esprits eux-mêmes demandent souvent à être réappelés. L'Esprit qui vient d'habitude est comme chez lui : il est familiarisé avec ses auditeurs et ses interprètes ; il parle et agit plus librement.

En résumé, de ce que nous venons de dire, il résulte : que la facilité d'évoquer tout Esprit quelconque n'implique pas pour l'Esprit l'obligation d'être à nos ordres ; qu'il peut venir à un moment et non à un autre, avec tel médium ou tel évocateur qui lui plaît et non avec tel autre, dire ce qu'il veut sans pouvoir être contraint de dire ce qu'il ne veut pas, s'en aller quand cela lui convient, enfin, que par des causes dépendantes ou non de sa volonté, après s'être montré assidu pendant quelque temps, il peut tout à coup cesser de venir.

De la possibilité d'évoquer les Esprits incarnés résulte celle d'évoquer l'Esprit d'une personne vivante. Il répond alors comme Esprit et non comme homme, et souvent ses idées ne sont plus les mêmes. Ces sortes d'évocations demandent de la prudence, car il est des circonstances où elles pourraient avoir de l'inconvénient. L'émancipation de l'âme, comme on le sait, a presque toujours lieu pendant le sommeil ; or, l'évocation le provoque si la personne ne dort pas, ou tout au moins produit un engourdissement et une suspension momentanée des facultés sensitives. Il y aurait donc danger si, à ce moment, la personne se trouvait dans une position à avoir besoin de toute sa connaissance. Il y en aurait encore si elle était très malade, car le mal pourrait être aggravé. Le danger, du reste, est atténué en ce sens que l'Esprit connaît les besoins de son corps et s'y conforme, en ne restant pas au delà du temps nécessaire ; ainsi, par exemple, lorsqu'il voit que son corps va se réveiller, il le dit et annonce qu'il va être forcé de se retirer. Les Esprits pouvant être réincarnés sur la terre, il arrive souvent que nous évoquons des personnes vivantes à notre insu ; nous-mêmes pouvons l'être sans nous en douter ; mais alors les circonstances ne sont plus les mêmes, et il ne saurait rien en résulter de fâcheux.

On peut s'étonner de voir l'Esprit des hommes les plus illustres, de ceux auxquels on aurait à peine osé parler de leur vivant, se rendre à l'appel des hommes les plus vulgaires ; cela ne peut surprendre que ceux qui ne connaissent pas la nature du monde spirite ; quiconque a étudié ce monde, sait que le rang que l'on a occupé sur la terre n'y donne aucune suprématie, et que là le puissant peut être au-dessous de celui qui a été son serviteur ; tel est le sens de cette parole de Jésus : « Les grands seront abaissés et les petits élevés », et de cette autre : « Quiconque s'abaisse sera élevé, et quiconque s'élève sera abaissé ». Un Esprit peut donc ne point occuper parmi ses pareils le rang que nous lui supposons ; mais s'il est véritablement supérieur, il doit avoir dépouillé tout orgueil et toute vanité, et dès lors il regarde le cœur et non l'habit.

Langage à tenir avec les Esprits.

Le degré de supériorité ou d'infériorité des Esprits indique naturellement le ton qu'il convient de prendre avec eux. Il est évident que plus ils sont élevés, plus ils ont de droits à notre respect, à nos égards et à notre soumission. Nous ne devons pas leur témoigner moins de déférence que nous ne l'eussions fait de leur vivant, mais par d'autres motifs ; sur la terre nous eussions considéré leur rang et leur position sociale, dans le monde des Esprits notre respect ne s'adresse qu'à la supériorité morale. Leur élévation même les met au-dessus des puérilités de nos formes adulatrices. Ce n'est pas par des mots qu'on peut capter leur bienveillance, c'est par la sincérité des sentiments. Il serait donc ridicule de leur donner les titres que nos usages consacrent à la distinction des rangs, et qui, de leur vivant, eussent pu flatter leur vanité ; s'ils sont réellement supérieurs, non seulement ils n'y tiennent pas, mais cela leur déplaît. Une bonne pensée leur est plus agréable que les épithètes les plus louangeuses ; s'il en était autrement, il ne seraient pas au-dessus de l'humanité. L'Esprit d'un vénérable ecclésiastique, qui fut sur la terre un prince de l'Eglise, homme de bien, pratiquant la loi de Jésus, répondit un jour à quelqu'un qui l'évoquait en lui donnant le titre de Monseigneur : « Tu devrais dire au moins ex-Monseigneur, car ici il n'y a de Seigneur que Dieu ; sache bien que j'en vois qui, sur la terre, se mettaient à mes genoux, et devant lesquels je m'incline moi-même. »

Quant à la question de savoir si l'on doit ou non

tutoyer les Esprits, elle est fort peu importante. Le respect est dans la pensée et non dans les mots ; tout dépend de l'intention qu'on y attache, les usages n'étant pas les mêmes à cet égard dans toutes les langues. On peut donc tutoyer ou non les Esprits selon leur rang ou le degré de familiarité qui existe entre eux et nous, comme nous le ferions vis-à-vis de nos semblables.

Si les Esprits ne se paient pas de mots, il aiment, en revanche, qu'on leur sache gré de leur condescendance, soit à venir, soit à nous répondre. On doit donc les en remercier, comme on doit remercier aussi ceux qui s'attachent à nous et nous protègent ; c'est le moyen de les engager à continuer. Ce serait une grave erreur de croire que la forme impérative peut avoir sur eux quelque influence : c'est un moyen infaillible d'éloigner les bons Esprits. On les prie, mais on ne leur commande pas, car ils ne sont pas à nos ordres, et tout ce qui trahit l'orgueil les repousse. Les Esprits familiers eux-mêmes abandonnent ceux qui les délaissent et se montrent ingrats envers eux.

Sans être au premier rang, les Esprits n'en méritent pas moins nos égards lorsque, surtout, ils nous révèlent une supériorité relative. Quant aux Esprits inférieurs, leur caractère nous trace le langage qu'il convient de tenir avec eux. Dans le nombre il y en a qui, quoique inoffensifs et même bienveillants, sont légers, ignorants, étourdis ; les traiter à l'égard des Esprits sérieux, ainsi que le font certaines personnes, autant vaudrait se mettre à genoux devant un écolier ou devant un âne affublé d'un bonnet de docteur. Le ton de la familiarité ne saurait être déplacé avec eux, et ils ne s'en formalisent pas ; ils s'y prêtent, au contraire, volontiers.

Parmi les Esprits inférieurs il y en a qui sont malheureux. Quelles que puissent être les fautes qu'ils expient, leurs souffrances sont des titres d'autant plus grands à notre commisération que personne ne peut se flatter d'échapper à cette parole du Christ : « Que celui qui est sans péché lui jette la première pierre. » La bienveillance que nous leur témoignons est un soulagement pour eux ; à défaut de sympathie ils doivent trouver l'indulgence que nous voudrions que l'on eût pour nous.

Les Esprits qui révèlent leur infériorité par le cynisme de leur langage, leurs mensonges, la bassesse de leurs sentiments, la perfidie de leurs conseils, sont assurément moins dignes de notre intérêt que ceux dont les paroles attestent le repentir ; nous leur devons au moins la pitié que nous accordons aux plus grands criminels, et le moyen de les réduire au silence, c'est de se montrer supérieur à eux : ils ne s'abandonnent qu'avec les gens dont ils croient n'avoir rien à craindre. C'est ici le cas de parler avec autorité pour éloigner, ce à quoi on parvient toujours par une ferme volonté, en les sommant, au nom de Dieu et avec le secours des bons Esprits. Ils s'inclinent devant la supériorité morale, comme le coupable devant son juge.

En résumé, autant il serait irrévérencieux de traiter d'égal avec les Esprits supérieurs, autant il serait ridicule d'avoir une même déférence pour tous sans exception. Ayons de la vénération pour ceux qui le méritent, de la reconnaissance pour ceux qui nous protègent et nous assistent, pour tous les autres une bienveillance dont nous aurons peut-être un jour besoin nous-mêmes. En pénétrant dans le monde incorporel, nous avons appris à le connaître, et cette connaissance doit nous régler dans nos rapports avec ceux qui l'habitent. Les Anciens, dans leur ignorance, leur ont élevé des autels ; pour nous ce ne sont que des créatures plus ou moins parfaites, et nous n'élevons des autels qu'à Dieu. (Voy. *Polythéisme* dans le Voc).

Des questions à adresser aux Esprits.

Si l'on s'est bien pénétré des principes que nous avons développé jusqu'à présent, on comprendra sans peine l'importance, au point de vue pratique, du sujet que nous allons traiter ; il en est la conséquence et l'application, et l'on pourrait, jusqu'à un certain point, en prévoir la conclusion par la connaissance que l'échelle spirite nous donne du caractère des Esprits selon le rang qu'ils occupent. Cette échelle nous donne la mesure de ce que nous pouvons leur demander et de ce que l'on doit en attendre. Un étranger qui viendrait dans notre pays avec la croyance que tous les hommes y sont égaux en science et en moralité y trouverait bien des anomalies ; mais tout s'expliquera pour lui du moment qu'il aura compris que chacun parle et écrit selon ses aptitudes ; il en est de même du monde spirite. Dès lors que nous voyons les Esprits si distancés les uns des autres sous tous les rapports, nous comprenons sans peine que tous ne sont pas aptes à résoudre toutes les difficultés et qu'une question mal adressée peut exposer à plus d'un mécompte.

Ce principe posé, convient-il d'adresser des questions

aux Esprits ? Quelques personnes pensent qu'on doit s'en abstenir et qu'il faut leur laisser l'initiative de ce qu'ils veulent dire. Elle se fondent sur ce que l'Esprit parlant spontanément, parle plus librement, qu'il ne dit que ce qu'il veut, et que l'on est ainsi plus certain d'avoir l'expression de sa propre pensée. Elles pensent même qu'il est plus respectueux d'attendre l'enseignement qu'il juge à propos de donner. L'expérience contredit cette théorie, comme tant d'autres nées au début des manifestations. La connaissance des différentes catégories d'Esprits trace la limite du respect qui leur est dû et prouve qu'à moins d'être certain de n'avoir affaire qu'à des êtres supérieurs, leur enseignement spontané ne serait pas toujours très édifiant. Mais cette considération à part, et en supposant l'Esprit assez élevé pour ne dire que de bonnes choses, son enseignement serait souvent très borné, s'il n'était alimenté par des questions. Nous avons maintes fois vu des séances languissantes ou nulles, faute d'un sujet d'entretien déterminé. Or, comme en définitive les Esprits ne répondent qu'autant que cela leur convient, en s'y prenant convenablement on ne fait aucune violence à leur libre arbitre. Eux-mêmes provoquent souvent les questions en disant : Que veux-tu ? Interroge et je te répondrai. Souvent aussi ils nous questionnent eux-mêmes, non pour s'instruire, mais pour nous mettre à l'épreuve ou nous faire rendre plus clairement notre pensée. Se réduire en leur présence à un rôle purement passif serait un excès de soumission qu'ils ne demandent pas ; ce qu'ils veulent, c'est l'attention et le recueillement. Lorsqu'ils prennent spontanément la parole sans attendre les questions, ainsi que nous l'avons dit plus haut en parlant des évocations, c'est alors le cas de ne point les détourner et de suivre la ligne qu'ils tracent. Mais comme cela n'a pas toujours lieu, il est bon d'avoir par devers soi un sujet tout préparé à défaut de l'initiative des Esprits. Règle générale : quand un Esprit parle, il ne faut pas l'interrompre ; et quand il manifeste par un signe quelconque l'intention de parler, il faut attendre, et ne parler soi-même que lorsqu'on est certain qu'il n'a rien à dire.

Si, en principe, les questions ne déplaisent pas aux Esprits, il en est dans le nombre qui leur sont souverainement antipathiques et dont il faut s'abstenir complètement, sous peine ou de n'avoir point de réponse, ou d'en avoir de mauvaises. Quand nous disons que des questions sont antipathiques, nous voulons parler des Esprits élevés ; les Esprits inférieurs ne sont pas si scrupuleux ; on peut leur demander tout ce qu'on veut sans les froisser, même les choses les plus saugrenues, et ils répondent à tout, mais comme ils le disent eux-mêmes : « A sotte question, sotte réponse », et bien fou serait celui qui les prendrait au sérieux.

Les Esprits peuvent s'abstenir de répondre par plusieurs motifs : 1° la question peut leur déplaire ; 2° ils n'ont pas toujours les connaissances nécessaires ; 3° il est des choses qu'il est défendu de révéler. Si donc ils ne satisfont pas à une demande, c'est qu'ils ne le veulent pas, ne le peuvent pas ou ne le doivent pas. Quel qu'en soit le motif, une règle invariable, c'est que *toutes les fois qu'un Esprit refuse catégoriquement de répondre on ne doit jamais insister,* autrement la réponse est donnée par un de ces esprits légers toujours prêts à se mêler de tout et qui s'inquiètent fort peu de la vérité. Si le refus n'est pas absolu, on peut prier l'Esprit de condescendre à notre désir ; il le fait quelquefois, mais il ne cède jamais à l'exigence. Cette règle ne s'applique pas aux développements que l'on peut et que l'on doit même demander sur un point qui ne serait pas suffisamment explicite. Quand un Esprit veut clore un entretien, il l'indique généralement par un mot, tel que : *adieu, assez pour aujourd'hui, — il est trop tard, — à une autre fois,* etc. Ce mot presque toujours sans appel ; l'immobilité du crayon est une preuve que l'Esprit est parti, et alors il ne faut pas insister.

Deux points essentiels sont à considérer dans les questions : le fond et la forme. Pour la forme elles doivent, quoique sans phraséologie ridicule, témoigner des égards et de la considération que l'on doit à l'Esprit qui se communique s'il est supérieur, et de notre bienveillance s'il est notre égal ou notre inférieur. Sous un autre point de vue, elles doivent être claires, précises et sans ambiguité ; il faut éviter celles qui ont un sens complexe : mieux vaut en faire deux si cela est nécessaire. Lorsqu'un sujet requiert une série de questions, il importe qu'elles soient classées avec ordre, qu'elles s'enchainent et se suivent méthodiquement ; c'est pourquoi il est toujours utile de les préparer d'avance, ce qui, du reste, comme nous l'avons dit, est une sorte d'évocation anticipée qui prépare les voies ; en les méditant à tête reposée, on les formule et on les classe mieux, et l'on obtient des réponses plus satisfaisantes. Cela n'empêche pas, dans le cours de l'entretien, d'ajouter les questions complémentaires auxquelles on n'aurait pas songé, ou qui peuvent être suggérées par les réponses, mais le cadre est toujours tracé, et c'est l'essentiel ; ce que l'on doit éviter, c'est de passer brusquement d'un objet à un autre par des questions sans suite et jetées à la traverse du sujet principal. Il arrive souvent aussi que quelques-unes des questions préparées d'avance, en prévisions de certaines réponses, deviennent inutiles, et dans ce cas on passe outre. Un fait qui se présente aussi fréquemment, c'est que souvent la réponse devance la question, et qu'à peine les premiers mots de celle-ci sont prononcés, l'Esprit répond sans la laisser achever. Quelquefois même, il répond à une pensée exprimée à voix basse par quelqu'un des assistants, sans qu'il y ait de question posée, et à l'insu du médium. Si l'on n'avait pas à chaque instant la preuve manifeste de la neutralité absolue de ce dernier, des faits de ce genre ne pourraient laisser aucun doute à cet égard.

Sous le rapport du fond, les questions méritent une attention particulière selon leur objet. Les questions frivoles, de pure curiosité et d'épreuves, sont de celles qui déplaisent aux Esprits sérieux ; elles les éloignent, ou ils n'y répondent pas ; les Esprits légers s'en amusent.

Les questions d'épreuves sont ordinairement faites par ceux qui n'ont pas encore une conviction acquise et qui cherchent ainsi à s'assurer de l'existence des Esprits, de leur perspicacité et de leur identité ; cela est sans doute très naturel de leur part, mais ils manquent complètement leur but, et leur insistance à cet égard tient à leur ignorance même des bases sur lesquelles repose la science spirite, bases toutes différentes de celles des sciences expérimentales. Ceux donc qui veulent s'en instruire doivent se résigner à suivre une tout autre marche et à mettre de côté les procédés de nos écoles. S'ils croient ne pouvoir le faire qu'en expérimentant à leur manière, ils feront mieux de s'abstenir. Que dirait un professeur à qui un élève prétendrait imposer sa méthode, qui voudrait lui prescrire d'agir de telle ou telle façon et de faire les expériences à sa guise ? Encore une fois la science spirite a ses principes ; ceux qui veulent la connaître doivent s'y conformer ; sinon ils ne peuvent se dire aptes à la juger. Ces principes sont les suivants en ce qui concerne les questions d'épreuves :

1° Les Esprits ne sont point des machines que l'on fait mouvoir à son gré ; ce sont des êtres intelligents qui ne font et ne disent que ce qu'ils veulent, et que nous ne pouvons assujettir à nos caprices ;

2° Les preuves que nous désirons avoir de leur existence, de leur perspicacité et de leur identité, ils les donnent eux-mêmes spontanément et de leur plein gré en maintes occasions ; mais ils les donnent quand ils veulent et de la manière qu'ils veulent ; c'est à nous d'attendre, de voir, d'observer, et ces preuves ne nous manqueront pas : *il faut les saisir au passage ;* si nous voulons les provoquer, c'est alors qu'elles nous échappent, et en cela les Esprits nous prouvent leur indépendance et leur libre arbitre.

Ce principe est, du reste, celui qui régit toutes les sciences d'observation. Que fait le naturaliste qui étudie les mœurs d'un insecte, par exemple ? Il le suit dans toutes les manifestations de son intelligence ou de son instinct ; il observe ce qui se passe, mais il attend que les phénomènes se présentent ; il ne songe ni à les provoquer ni à en détourner le cours ; il sait d'ailleurs que, s'il le faisait, il ne les aurait plus dans leur simplicité naturelle. Il en est de même à l'égard des observations spirites.

D'après ce que nous savons maintenant, on comprend qu'il ne suffit pas qu'un Esprit soit sérieux pour résoudre *ex professo* toute question sérieuse ; il ne suffit même pas, comme nous l'avons vu, qu'il ait été savant sur la terre pour résoudre une question de science, puisqu'il peut être encore imbu des préjugés terrestres ; il faut qu'il soit ou suffisamment élevé, ou que son développement, comme Esprit, se soit accompli dans le cercle des idées qu'on veut lui soumettre, développement quelquefois tout autre que ce que nous avons pu observer en lui de son vivant ; mais il arrive souvent aussi que d'autres Esprits plus élevés viennent en aide à celui qu'on interroge, et suppléent à son insuffisance ; cela arrive surtout lorsque l'intention de l'interrogateur est bonne, pure et sans arrière-pensée. En somme, la première chose à faire, quand on s'adresse à un Esprit pour la première fois, c'est d'apprendre à le connaître, afin de juger la nature des questions qu'on peut lui adresser avec plus de certitude.

Les Esprits attachent en général peu d'importance aux questions d'intérêts purement matériels, à celles qui concernent les choses de la vie privée. On se tromperait donc si l'on croyait trouver en eux des guides infaillibles que l'on peut consulter à chaque instant sur la marche ou le résultat de ses affaires. Nous le répétons encore, les Esprits légers répondent à tout ; ils prédiront même, si l'on veut, la hausse ou la baisse de la bourse, diront si le mari qu'on attend sera brun ou blond, etc..., tant mieux si le hasard les fait tomber juste.

Nous ne rangeons pas au nombre des questions frivoles toutes celles qui ont un caractère personnel ; le bon sens doit nous les faire apprécier. Mais les Esprits qui peuvent le mieux nous guider sous ce rapport sont nos familiers, ceux qui sont chargés de veiller sur nous, et qui, par l'habitude qu'ils ont de nous suivre, sont identifiés avec nos besoins ; ceux-là, sans contredit, connaissent nos affaires mieux que nous-mêmes ; c'est donc à eux qu'il faut s'adresser pour ces sortes de choses, et encore faut-il le faire avec calme, recueillement, par un appel sérieux à leur bienveillance et non à la légère ; mais le demander à brûle-pourpoint et au premier Esprit venu, autant vaudrait s'adresser au premier individu que l'on rencontre sur son chemin.

Nos Esprits familiers peuvent donc nous éclairer, et en maintes circonstances ils le font d'une manière efficace ; mais leur assistance n'est pas toujours patente et matérielle ; elle est le plus souvent occulte ; ils nous aident par une foule d'avertissements indirects qu'ils provoquent, et dont malheureusement nous ne tenons pas toujours compte, d'où il résulte que nous ne devons souvent nous en prendre qu'à nous-mêmes de nos tribulations. Lorsqu'on les interroge, ils peuvent, dans certains cas, nous donner des conseils positifs, mais, en général, ils se bornent à nous montrer le chemin, en nous recommandant de ne pas nous heurter, et ils ont pour cela un double motif. Premièrement, les tribulations de la vie, si elles ne sont pas le résultat de nos propres fautes, font partie des épreuves que nous devons subir ; ils peuvent nous aider à les supporter avec courage et résignation, mais il ne leur appartient pas de les détourner. Secondement, s'ils nous guident par la main pour éviter tous les écueils, que ferions-nous de notre libre-arbitre ? Nous serions comme des enfants tenus à la lisière jusqu'à l'âge adulte. Ils nous disent : « Voilà la route, suis le bon sentier ; je t'inspirerai ce que tu as de mieux à faire, mais sers-toi de ton jugement, comme l'enfant se sert de ses jambes pour marcher ».

Les Esprits peuvent-ils dire l'avenir ? Telle est la question que tout novice ne manque pas de faire ; nous n'en dirons qu'un mot. La Providence a été sage en nous cachant l'avenir ; que de tourments cette ignorance ne nous épargne-t-elle pas ! sans compter que si nous le connaissions, nous nous abandonnerions en aveugles à notre destinée, en abdiquant toute initiative. Les Esprits eux-mêmes ne le connaissent qu'en raison de leur élévation, et voilà pourquoi les Esprits inférieurs qui souffrent croient souffrir toujours ; quand ils le savent, ils ne doivent point le révéler. Ils peuvent cependant quelquefois soulever un coin du voile qui le couvre ; mais alors ils le font spontanément, parce qu'ils le jugent utile ; ce n'est jamais à notre sollicitation. Il en est de même de notre passé. Insister sur ce point, comme sur les autres, quand ils refusent de répondre, c'est se faire le jouet des Esprits mystificateurs.

Nous ne pourrions, sans reproduire ici ce que renferme le *Livre des Esprits,* passer en revue toutes les variétés de questions qu'il est possible de faire. Nous y renvoyons donc pour le développement de toutes celles qui concernent l'avenir, les existences antérieures, les découvertes, les trésors cachés, les sciences, la médecine, etc.

Médiums payants.

Nous ne connaissons point encore de médiums écrivains donnant des consultations à tant la séance ; cela viendra peut-être, c'est pourquoi quelques mots à ce sujet nous paraissent utiles. Nous dirons d'abord que rien ne prêterait plus au charlatanisme et à la jonglerie qu'un pareil métier. Si l'on a vu de faux somnambules, on verrait bien plus encore de faux médiums, et cette raison seule serait un sujet fondé de défiance. Le désintéressement, au contraire, est la réponse la plus péremptoire que l'on puisse opposer à ceux qui ne voient dans les faits qu'une habile manœuvre. Il n'y a pas de charlatanisme désintéressé ; quel serait donc le but des personnes qui useraient de supercherie sans profit ? à plus forte raison quand leur honorabilité notoire les met au-dessus du soupçon. Si le gain qu'un médium retirerait de sa faculté peut être un sujet de suspicion, ce ne serait point une preuve que cette suspicion soit fondée ; il pourrait donc avoir une aptitude réelle et agir de très bonne foi, tout en se faisant rétribuer ; voyons si, dans ce cas, on peut raisonnablement en attendre un résultat satisfaisant.

Si l'on a bien compris ce que nous avons dit des

conditions nécessaires pour servir d'interprète aux bons Esprits, des causes nombreuses qui peuvent les éloigner, des circonstances indépendantes de leur volonté qui sont souvent un obstacle à leur venue ; enfin de toutes les conditions *morales* qui peuvent exercer une influence sur la nature des communications, comment pourrait-on supposer qu'un Esprit tant soit peu élevé fût, à chaque heure du jour, aux ordres d'un marchand de consultations et soumis à ses exigences pour satisfaire la curiosité du premier venu ? On sait l'aversion des Esprits pour tout ce qui sent la cupidité et l'égoïsme, le peu de cas qu'ils font des choses matérielles, et l'on voudrait qu'ils aidassent à trafiquer de leur présence ! Cela répugne à la pensée, et il faudrait bien peu connaître la nature du monde spirite pour croire qu'il en pût être ainsi. Mais comme les Esprits légers sont moins scrupuleux et ne cherchent que les occasions de s'amuser à nos dépens, il en résulte que si l'on n'est pas mystifié par un faux médium, on a toute chance de l'être par quelques-uns d'entre eux. Ses seules réflexions donnent la mesure du degré de confiance que l'on devrait accorder à des communications de ce genre. Du reste, à quoi serviraient aujourd'hui des médiums payants, puisque, si l'on n'a pas soi-même cette faculté, on peut la trouver dans sa famille, parmi ses amis ou ses connaissances ?

L'inconvénient que nous venons de signaler n'est plus le même quand il s'agit de manifestations purement physiques. La nature des Esprits qui se communiquent dans ces circonstances le fait aisément comprendre ; toutefois, comme la faculté des médiums à influence physique n'est pas toujours à leur disposition, elle ferait souvent défaut à celui qui devrait l'avoir à point nommé pour satisfaire aux exigences du public. La faculté médiatrice, même dans cette limite, n'a point été donnée pour en faire parade sur des tréteaux, et quiconque prétendrait avoir à ses ordres des Esprits, fussent-ils même du rang le plus infime, pour les faire agir à la minute, peut à bon droit être suspecté de charlatanisme et de prestigiditation plus ou moins habile. Qu'on se le tienne pour dit, toutes les fois qu'on verra des annonces de prétendues séances de spiritisme ou de spiritualisme à tant la place.

CHAPITRE IX

SUJETS DE L'ÉTUDE

Lorsqu'on a évoqué ses parents et ses amis, quelques personnages célèbres, pour comparer leurs opinions d'outre-tombe avec celles qu'ils ont eues de leur vivant, on est souvent embarrassé pour alimenter les entretiens, à moins de tomber dans les banalités et les futilités. Il peut donc être utile d'indiquer la source où l'on peut puiser des sujets d'observation, pour ainsi dire illimités.

Le monde spirite, comme on l'a vu, présente autant de variétés, au point de vue intellectuel et moral, que l'humanité ; nous devons même dire beaucoup plus, puisque, quelle que soit la distance qui sépare les hommes sur la terre, depuis le premier échelon jusqu'au dernier, il y a des Esprits en deçà et au delà de ces limites. Pour connaître un peuple, il faut le voir de la base au sommet, l'étudier dans toutes les phases de la vie, sonder ses pensées, fouiller dans ses habitudes intimes, en un mot, en faire pour ainsi dire la dissection morale. Ce n'est qu'en multipliant les observations qu'on peut saisir les analogies et les anomalies, et asseoir un jugement par la comparaison. Qui pourrait compter les volumes écrits sur l'ethnographie, l'anthropologie et l'étude du cœur humain ? et pourtant on est encore loin d'avoir tout dit. Ce que l'on a fait pour les Esprits, et c'est le seul moyen d'apprendre à connaître ce monde, qui nous intéresse d'autant plus que la mort à laquelle nous sommes tous soumis nous y conduit par la force même des choses. Or, ce monde se révèle à nous par les manifestations intelligentes des Esprits ; nous pouvons donc en interroger les habitants de toutes les classes, non plus seulement sur des généralités, mais sur des particularités de leur existence d'outre-tombe, et juger par là de ce qui nous attend nous-même suivant notre conduite ici-bas. Jusqu'à présent le sort qui nous était réservé n'était pour nous que l'objet d'un enseignement théorique : les manifestations spirites nous le montrent à nu, nous le font toucher au doigt et à l'œil par les exemples les plus saisissants, et dont la réalité ne saurait être révoquée en doute par quiconque y porte un regard scrutateur. C'est cette réalité que nous voulons donner les moyens de constater par la direction des études.

Si l'évocation des hommes illustres, des Esprits supérieurs, est éminemment utile par l'enseignement qu'ils nous donnent, celle des Esprits vulgaires ne l'est pas moins, bien qu'ils soient incapables de résoudre les questions d'une haute portée ; par leur infériorité ils se peignent eux-mêmes, et moins la distance qui les sépare de nous est grande, plus nous y trouvons de rapports avec notre propre situation. Il est donc du plus haut intérêt, au double point de vue psychologique et moral, d'étudier la position de ceux qui ont été nos contemporains, qui ont suivi la route de la vie côte à côte avec nous, dont nous connaissons le caractère, les aptitudes, les vertus et les vices, fussent-ils les hommes les plus obscurs ; nous les comprenons mieux, parce qu'ils sont à notre niveau ; ils nous offrent souvent des traits caractéristiques du plus haut intérêt, et nous ajouterons que c'est dans ce cercle, en quelque sorte intime, que l'identité des Esprits se révèle surtout de la manière la moins contestable. C'est, comme on le voit, une mine inépuisable d'observations, en ne prenant même que les hommes dont la vie présente quelque particularité sous le rapport du genre de mort, de l'âge, des bonnes ou mauvaises qualités, de la position heureuse ou malheureuse sur la terre, des habitudes, de l'état mental, etc.

Avec les Esprits élevés, le cadre des études s'élargit ; outre les questions psychologiques qui ont une limite, on peut leur proposer une foule de problèmes moraux qui s'étendent à l'infini sur toutes les positions de la vie, sur la meilleure conduite à tenir dans telle ou telle circonstance donnée, sur nos devoirs réciproques, etc. La valeur de l'instruction que l'on reçoit sur un sujet quelconque, moral, historique, philosophique ou scientifique, dépend entièrement de l'état de l'Esprit que l'on interroge ; c'est à nous de juger.

Outre les questions proprement dites, on peut solliciter de la part des Esprits supérieurs des dissertations sur des sujets donnés ou choisis par eux dans une série qu'on leur présente. On peut ainsi prendre pour texte les qualités, les vices et les travers de la société, comme l'avarice, l'orgueil, la paresse, la jalousie, la haine, la colère, la charité, la modestie, etc. Des Esprits un peu moins élevés mais intelligents, peuvent traiter d'une manière heureuse des sujets moins sérieux, mais qui n'en sont pas moins intéressants ; d'autres enfin peuvent, selon leur aptitude et la facilité d'exécution que leur présente le médium, dicter des ouvrages de longue haleine.

La manière de poser les questions et de les coordonner est, comme on vient de le voir, une chose essentielle. On en trouvera de nombreuses applications dans les articles publiés dans la *Revue spirite*, sous le titre d'*Entretiens familiers d'outre-tombe*. On peut les prendre pour types de la marche à suivre dans les rapports que l'on veut établir soi-même avec les Esprits.

CHAPITRE X

CONSEILS AUX NOVICES

La connaissance de la science spirite repose sur une conviction morale et une conviction matérielle ; la première s'acquiert par le raisonnement, la seconde par l'observation des faits. Pour le novice, il serait logique de voir d'abord et de raisonner ensuite ; malheureusement il ne peut toujours en être ainsi. Il serait impossible de faire un cours pratique de spiritisme comme on fait un cours de physique ou de chimie ; les phénomènes qui sont du ressort de ces deux sciences peuvent se reproduire à volonté : on peut donc les faire passer par gradation sous les yeux de l'élève, en procédant du simple au composé. Il n'en est point de même des phénomènes spirites : on ne les manœuvre pas comme une machine électrique ; il faut les prendre comme ils se présentent, car il ne dépend pas de nous de leur assigner un ordre méthodique. Il en résulte que souvent ils sont ou inintelligibles ou peu concluants pour les commençants ; ils peuvent étonner sans convaincre.

On peut obvier à cet inconvénient en suivant une marche contraire, c'est-à-dire en commençant par la théorie, et c'est celle que nous conseillons à toute personne qui veut sérieusement s'éclairer. Par l'étude des principes de la science, principes parfaitement compréhensibles sans expérimentation pratique, on acquiert une première conviction morale qui n'a plus besoin que d'être corroborée par des faits ; or, comme dans cette étude préliminaire tous les faits ont été passés en revue et commentés il en résulte que lorsqu'on les voit on les comprend, quel que soit l'ordre dans lequel les circonstances permettent de les observer.

Nous avons cherché à réunir dans nos trois publications tous les éléments nécessaires à cet effet, en envisageant la science sous toutes ses faces, et en donnant sur les divers points les explications que comporte l'état actuel des choses. Une lecture attentive de ces ouvrages sera donc une première initiation qui permettra d'attendre les faits ou donnera les moyens de les provoquer avec connaissance de cause si rien ne s'y oppose, et cela sans s'égarer dans des essais qui peuvent être infructueux faute d'avoir été dirigés dans les limites du possible. Dans cette *Instruction pratique* on trouvera tous les principes fondamentaux nécessaires aux commençants ; dans la *Revue spirite*, outre des développements étendus, une variété considérable de faits et d'application ; enfin dans le *Livre des Esprits*, l'enseignement même des Esprits sur toutes les questions de métaphysique et de morale qui se rattachent à la doctrine spirite.

CHAPITRE XI

INFLUENCE DU SPIRITISME

Les adversaires du spiritisme ont d'abord employé contre lui l'arme du ridicule, et ils ont, sans façon, taxé de folie tous ses partisans ; cette arme, non seulement s'émousse, mais commence à devenir ridicule elle-même, tant s'augmente le nombre de ces prétendus fous dans tous les pays, et parce qu'il faudrait envoyer aux Petites-Maisons les hommes les plus éminents par leur savoir et leur position sociale. Ils ont alors changé de batterie, et prenant un ton plus sérieux, ils se sont apitoyés sur le sort réservé à l'humanité par cette doctrine dont ils ont exalté les dangers, sans songer que proclamer le danger d'une chose c'est en constater la réalité. Si le spiritisme est une chimère, à quoi bon tant de peine ? C'est combattre des moulins à vent ; laissez-le tranquille et il mourra de sa belle mort. Mais voilà qu'au lieu de mourir, il se propage avec une incroyable rapidité, et que les adeptes se multiplient sur tous les points du globe, à tel point que si cela continue il y aura bientôt plus de fous que de gens sensés. Or, qui a contribué à ce résultat ? Ce sont les adversaires eux-mêmes qui ont fait de la propagande sans le vouloir ; leurs diatribes ont produit l'effet du fruit défendu. Chacun s'est dit : puisqu'on s'acharne tant après ce monstre, c'est donc qu'il y a un monstre : raisonnement très logique ; et, la curiosité aidant, on a voulu voir, ne fût-ce qu'à travers les doigts, en se bouchant les yeux ; c'est ainsi qu'on y a fait penser beaucoup de gens qui sans cela n'en eussent peut-être point entendu parler, ou tout au moins ne s'en seraient pas occupés. Si le spiritisme est une réalité, c'est qu'il est dans la nature, car ce n'est pas une théorie, une opinion, un système : ce sont des faits. S'il est dangereux, il faut lui donner une direction. On ne supprime pas un fleuve, on en dirige le cours. Voyons donc en quelques mots quels sont ces prétendus dangers.

Il peut, dit-on, produire une fâcheuse impression sur les facultés mentales. Nous nous sommes suffisamment expliqué dans le cours de cet ouvrage sur la véritable source de ce danger qui vient précisément de ceux qui croient le combattre en inoculant dans les cerveaux faibles l'idée du diable ou du démon. L'exaltation, il est vrai, peut aussi venir dans un sens opposé ; mais toute idée de spiritisme à part, ne voit-on aucun cerveau dérangé par une fausse appréciation des choses les plus saintes ? Les journaux ont dernièrement rapporté le fait d'une jeune fille de campagne qui, prenant à la lettre cette parole de l'Evangile : *Si ta main est une cause de scandale, coupe ta main,* se détacha le poignet à coups de hache ; faut-il en conclure que l'Evangile est dangereux ? Et cette mère qui tue ses enfants pour les faire entrer plus vite en paradis, prouve-t-elle que l'idée du paradis soit dangereuse ?

A l'appui de ce grief contre le spiritisme, on cite des chiffres, et l'on dit, par exemple, qu'aux Etats-Unis, dans une seule contrée, on compte quatre mille cas de folie causée par ces idées. Nous demanderons d'abord à ceux qui avancent des faits de ce genre à quelle source ils les ont puisés, et si la statistique qu'ils établissent est bien authentique ? Nous la croyons tirée de quelques-uns des journaux du pays, qui comme tous les adversaires, croyant avoir le monopole du bon sens, traitent de cerveaux fêlés tous ceux qui croient aux manifestations des Esprits ; il n'est pas étonnant qu'avec un pareil système on en ait trouvé quatre mille ; ce chiffre même nous semble bien modeste, car c'est par centaines de mille qu'on les compte aujourd'hui. Bâtissez donc des Petites-Maisons pour tout ce monde-là ! Mais assez sur ce sujet qui ne mérite pas un examen sérieux. Voyons une accusation beaucoup plus grave.

Le spiritisme, disent certaines personnes, ruine la religion. On a bien raison de dire que rien n'est plus dangereux qu'un ami maladroit. Ces personnes ne songent pas qu'en disant cela elles attaquent elles-mêmes la religion dans sa base fondamentale : son éternité. Comment ! une religion établie par Dieu même serait compromise par quelques Esprits frappeurs ! Vous croyez donc à la puissance de ces Esprits qui, d'autres fois, selon vous, ne sont que des chimères ! Soyez donc au moins d'accord avec vous-mêmes. Si ces Esprits sont des mythes, qu'avez-vous à craindre ? S'ils existent, de deux choses l'une : ou vous les croyez bien puissants, ou vous croyez la religion bien faible ; choisissez. Mais, direz-vous, nous ne craignons pas les Esprits, nous n'y croyons pas ; nous ne craignons pas les fausses doctrines de ceux qui les préconisent, soit ; mais, selon vous, ceux qui croient aux Esprits sont des fous ; alors vous avez donc peur ous n'ébranlent l'Eglise ! Choisissez encore. ous, nous dirons que ceux qui tiennent ce ont pas la foi ; car ce n'est pas avoir foi en puissance de Dieu de croire vulnérable par d'aussi faibles causes une religion dont Jésus a dit : « Les portes de l'enfer ne prévaudront point contre elle ».

Voyons cependant en quoi la doctrine est contraire aux principes religieux. Qu'enseignent ces Esprits si dangereux ? Ils disent ceci : « Aimez Dieu par-dessus toutes choses et votre prochain comme vous-même. Aimez-vous les uns les autres comme des frères. Pardonnez à vos ennemis ; oubliez les injures ; faites à autrui ce que vous voudriez qu'on fît pour vous. Ne vous contentez pas de ne pas faire le mal, faites le bien ; supportez avec patience et résignation les peines de la vie ; bannissez de votre cœur l'égoïsme, l'orgueil, l'envie, la haine, la jalousie ». Ils disent encore : « Dieu vous donne les biens de la terre pour en faire un bon usage et non pour en jouir, comme des avares ; la sensualité vous abaisse au niveau de la brute ». Mais Jésus aussi a dit tout cela ; leur morale est donc celle de l'Evangile. Enseignent-ils le dogme de la fatalité ? Non ; ils proclament que l'homme est libre de toutes ses actions et responsable de ses œuvres. Disent-ils que peu importe la conduite d'ici-bas, la destinée est la même après la mort ? Nullement, ils reconnaissent les peines et les récompenses futures ; ils font plus, ils les rendent patentes, car ce sont les êtres eux-mêmes qui sont heureux ou malheureux, qui viennent nous dépeindre leurs souffrances et leurs joies. Il est vrai qu'ils ne les expliquent pas exactement comme on le fait parmi nous ; qu'ils n'admettent pas un feu maté-

riel pour brûler éternellement des âmes immat
mais qu'importe la forme, si le fond existe !
que l'on ne prétende que la forme doit l'emp
le fond, le sens figuré sur le sens propre. Les croyances religieuses ne se sont-elles pas modifiées sur maints passages des Ecritures, notamment sur les six jours de la création qu'on sait très bien n'être plus six fois vingt-quatre heures, mais peut-être six fois cent mille ans ; sur l'ancienneté du globe terrestre, sur le mouvement de la terre autour du soleil ? Ce qui était jadis regardé comme une hérésie digne du feu terrestre et céleste, et comme le renversement de la religion, n'est-il pas admis par l'Eglise depuis que la science positive est venue démontrer non l'erreur du texte, mais la fausse interprétation qu'on lui avait donnée ? Il en est de même de l'enfer qu'elle ne place plus dans les lieux bas de la terre depuis qu'on y a porté un regard investigateur ; la haute théologie admet parfaitement l'existence d'un feu moral ; elle n'assigne plus un lieu déterminé au purgatoire depuis qu'on a sondé les profondeurs de l'espace, et pense qu'il pourrait bien être partout, même à nos côtés ; et la religion n'en a pas souffert ; loin de là, elle a gagné à ne pas se roidir contre l'évidence des faits. Il ne faut pas la juger par ce que l'on enseigne encore dans les écoles de village où des doctrines supérieures ne seraient pas comprises. Le haut clergé est plus éclairé que ne le croit généralement le monde, et il a prouvé en maintes occasions qu'il sait au besoin sortir des vieilles ornières de la tradition et des préjugés ; mais il y a des gens qui veulent être plus religieux que la religion et qui la rabaissent par la petitesse de leurs vues ; pour eux la

forme est tout, et passe même avant la morale de l'Evangile qu'ils pratiquent fort peu : voilà ceux qui lui font le plus de tort. En quoi donc la doctrine spirite serait-elle pernicieuse ? Elle explique ce qui avait été inexpliqué ; elle démontre la possibilité de ce qu'on avait cru impossible ; elle prouve l'utilité de la prière ; seulement elle dit que la prière du cœur est seule efficace et que celle des lèvres est un vain simulacre ; qui oserait soutenir le contraire ? La non-éternité des peines ! la réincarnation ! Voilà donc la grande pierre d'achoppement ; mais si jamais ces faits deviennent aussi patents et aussi vulgaires que le mouvement de la terre autour du soleil, il faudra bien se rendre à l'évidence, comme on l'a fait pour le reste, et peut-être en cherchant bien dès à présent, serait-il moins difficile de s'accorder qu'on ne croit. Qu'on ne se hâte donc pas de prononcer un jugement qui pourrait être trop précipité, et profitons des leçons de l'histoire.

Le plus grand ennemi de la religion, c'est le matérialisme, et celui-là n'a pas de plus rude adversaire que la doctrine spirite. Le SPIRITISME a déjà ramené au SPIRITUALISME de nombreux matérialistes obstinés qui jusqu'alors avaient résisté à tous les arguments théologiques ; c'est que le spiritisme fait plus que d'argumenter, il rend les choses patentes. C'est donc le plus puissant auxiliaire des idées religieuses, parce qu'il donne à l'homme la conviction de sa destinée future, et à ce titre il doit être accueilli comme un bienfait pour l'humanité. Il a ranimé dans plus d'un cœur la foi en la Providence, fait naître l'espérance à la place du doute ; il a fait plus : il a arraché plus d'une victime au suicide, rétabli la paix et la concorde dans les familles, calmé des haines, amorti des passions brutales, désarmé la vengeance et mis la résignation dans l'âme du souffrant. Est-il subversif de l'ordre social et de la morale publique ? Une doctrine qui condamne la haine et l'égoïsme, qui prêche le désintéressement, l'amour du prochain sans exception de sectes ni de castes, ne peut exciter les passions hostiles, et il serait à désirer pour le repos du monde et le bonheur du genre humain que tous les hommes comprissent et pratiquassent de tels principes : ils n'auraient rien à redouter les uns des autres.

Voilà où conduit la folie du spiritisme chez ceux qui, approfondissant ces mystères, voient dans les manifestations autre chose que des tables qui tournent ou des démons qui frappent.

FIN

TABLE DES MATIERES

ACHEVÉ D'IMPRIMER
EN JANVIER 1991
PAR L'IMPRIMERIE
DE LA MANUTENTION
A MAYENNE
N° 454-90